皇室は日本国の礎

有馬光正

元就出版社

まえがき

戦いに負けることは、屈辱であり恥である。しかし、それ以上に大きな恥はその戦争に敗れて外国の占領下に課された占領政策を、破棄もせず、営々と守ってゆくことではないのか。まさにそれが、今の平成の日本の姿なのだ。

恥を知れ！　日本人よ！

昭和の御世は昭和六十四年の一週間で平成の御世に代わった。その平成の御世が平成三十一年の四月で幕を閉じ、新たな御世が始まる。

靖国神社に昭和天皇が御親拝されたのは昭和五十年の十一月が最後で、今上天皇は皇太子殿下の時代に御参拝されただけで、御即位後現在まで靖国神社に御行幸されていない。

しかし、その間、両陛下は毎年全国各地の災害被災地を訪問され被災者の気持ちに寄り添ってこられ、御多忙な御公務の中、沖縄をはじめ東南アジア各地の激戦地に戦没者の慰霊の旅を重ねてこられた。

しかしながら、両陛下は二百四十六万余柱の英霊が鎮座する靖国神社に感謝と哀悼の御祈りを捧げられることを熱望されてこられたことは、我々国民一人一人が確とお察し申し上げている。

にもかかわらず、憲法第四条の国政に不関与の原則と内閣の外交的立場にご配慮され、靖国御親拝に関してはご口外もされず、陛下の御宸襟を悩まされてこられたことは、我々国民が深く反省するところである。

このまま今上天皇が靖国神社に御親拝される機会もなく御譲位されたら、我々平成の御世に生きる者は、後世の人々から「陛下の御宸襟を安んじ奉ることもできない国民」として指弾されるであろう。

次も日本国の根幹に関わるが、「日本国憲法」は日本が連合国軍の支配下にあった日本の主権がない時に制定公布されたものである。従って昭和二十七年に平和条約が結ばれ、占領軍が撤退して日本国が独立を回復した時点で、その憲法は失効したはずである。では、現在日本が使っているのは、どのような経緯を経て立法府が制定した正統な憲法であるのか、ないのか。

その一点を検証もせずして憲法改正論議をするとは、まさに恥を知れ！

また戦後数十年経た現在でも、占領政策の頸木《くびき》から完全に脱却できていないにもかかわらず、更に年次改革要望書などの名目でＧＨＱの指令のようにかけられる米国の圧力に対して、日本は独立国として振る舞っているのか。

恥を知れ！

読み進むにつれ、明治日本の意識の高さに比して、戦後ニッポンの現代の我々の意識の低さに、歴然とした差があることに気づかされる。

官僚の腐敗、大企業や各種業界の不祥事が頻発する戦後の社会の乱れは、「日本の心の喪失」に起因するものに違いない。

占領軍の穢れた手による憲法を保ち続け、皇室や靖国神社を崇敬する心が希薄になっているのは「日本の心の喪失」の表れに他ならない。

その思いから、日本を取り戻す、それが本書の主題である。

平成三十年十一月　秋深し候

【皇室は日本の礎／目次】

第一章　改悪された皇室典範

●皇室は日本人の総本家

一般の国民は皇室についてどう考えているだろうか。

亡くなられた渡部昇一上智大学名誉教授が「皇室は日本人の総本家」だという意識を子供の頃から持っておられたと聞いて、素直に胸に落ちる解釈だと思う。

古事記の神話では世界が天之御中主神から始まり、天照大御神を皇祖神としてその五代孫が初代の神武天皇である。神代から続いて歴代天皇は今上天皇で第百二十五代に数えられる。神武天皇は「建国の詔《みことのり》」の中で「八紘一宇」という言葉を用いて世界中を一家族にするという意味を述べられた。その後、時代は変遷してきたが、歴代天皇の御世が続く限り、皇室は我々日本人の総本家であり続けるわけである。

神話を荒唐無稽と蔑視し教育勅語に異を唱える（第九章「教育勅語の復元力」参照）ような人々を除けば、大方の日本人はこの考え方に納得するだろう。

森清人著『日本新史』に紹介されているエール大学のパール・ビース博士の『日本古典の

精神』には、

「人類は五千年の歴史と二度の世界大戦の惨禍を経験した結果、〈一つの世界〉を理想とする国連憲章を結んだが、日本の建国者は二千年も前の建国当初に世界一家の理想を述べている。これは人類文化史上、注目さるべき発言であろう」

と記されている。

また、歴史家のＡＪトインビー博士が一九六七年十一月二十四日に伊勢神宮を参拝した時の感想を「この聖地において、私はあらゆる宗教の根底的な統一性を感得する」と書き残したことは有名だ。ケガレを払い清め自然を尊重する神道の精神と、異なる宗教との対立を起こしたことのない神道の寛容性は、世界中の宗教の目指す方向性を示唆している。

この神道の祭祀を司るのが天皇陛下であり、大祭、小祭、旬祭など皇居内の宮中三殿（天照大神を祀る賢所、歴代の天皇皇族を祀る皇例霊殿、天神地祇を祀る神殿）での祭祀を務めておられ、また毎朝伊勢神宮を遥拝される、国家安泰・国民安寧を常に「祈る君主」であられるのだ。

●皇室制度

最初の皇室典範（旧皇室典範）は歴史上の慣習を成文化したもので、明治二十二（一八八九）年、大日本帝国憲法と同時に公布された。

旧皇室典範では、皇室が法的にも経済的にも自律しており、国会とは同格であった。即ち、憲法は皇室典範に関与できないものであった。

戦前までは、大日本帝国憲法の下で日本の国体は維持されてきた。そこでは旧典範六十二条に「皇室典範の改正は帝国議会の議を経るを要せず」と規定し、典範改正に、皇族会議と枢密院の諮詢《しじゅん》だけで、時々の区々たる政治情勢に左右されがちな議会が関与できないとしていた。

旧皇室典範は、明らかに法律より上位の規範であり、明治憲法と同格か否かについては憲法学上の争いがあったが、ともかく明治憲法と一体のものとして、共に日本の憲法の一部をなしていた。また、皇位継承を含めて皇室に関する法については皇室が基本的に決定する、という皇室自律主義の建前についても、憲法学説上争いはなかった。

ところが、戦後、ＧＨＱがつくった皇室典範は、国会を皇室の上位に置いたのだ。即ち、皇室典範を、憲法の下位の法令と位置づけたのである。

即ち、国会の決議をもって皇室を拘束できるようにしたのだ。

日本の皇室制度と西洋の王室を一概に比較することはできないが、中世の西欧の絶対王制の国々では、イギリスのチャールズ一世やフランスのルイ十六世のように王様が国民法廷で処刑された例があるが、ＧＨＱは日本の国にそういうことを想定していたのかもしれない。

日本の歴史上、天皇親政の御世は限られており、約七百年間にわたる武家政権の時代では、鎌倉幕府打倒に立ち上がられた後鳥羽上皇、順徳天皇の承久の乱以来、後醍醐天皇の建武の中興での短期間の天皇親政後、江戸幕府を開いた徳川家康が制定した「禁中並びに公家諸法度」に見られるように、幕府が朝廷の行動にまで規制を設けるという不遜極まりない傲慢な政治が、明治維新まで陰に陽に続いてきたのである。

こういう状況を避けるために明治新政府は、旧皇室典範では自律した皇室を目指したため、明治・大正そして昭和二十年までは皇室の自律性が保たれていたのです。

●独立性を奪われた皇室

しかし、戦後、連合国軍に敗戦した日本は、再び幕藩体制の時のように、皇室は国会の監視下に置かれてしまったのです。

「国体の護持」ということが敗戦間近い日本政府の最大の関心事であった。それは当然のことで、天皇を戴く一君万民体制を維持することが、日本国を守ることだという共通認識を国民は共有していた。

戦艦ミズーリ号の上で調印された降伏文書の中では、確かに皇室体制は温存された。表面的には、天皇陛下を君主として戴く日本国は変わらなかった。

しかしながら、世間の目によく見えないところで、皇室が将来存続できないように、GHQ版皇室典範には巧妙な陰謀を仕掛けたのだ。

その一つが、国会が皇室を管理する体制にしたこと、旧皇室典範では、皇族会議であったものが、ＧＨＱの皇室典範では皇室会議という、一字違いの会議にすり替えられ、天皇及び皇族の権限が大幅に削減された。

後述するように、旧皇室典範第十一条での皇族会議は、天皇が主宰し皇族成年男子で組織し、枢密院議長や関係大臣が参列したが、あくまで皇族が主導する構成であったのだ。

これに対して占領軍のつくった新典範には皇室会議の構成は、内閣総理大臣他三権の長ら八名に加えて皇族が二名のみで、内閣が主導する皇室に関する会議にしてしまったのだ。

占領軍が新皇室典範を発令して最初に行なった皇室会議において、明治新政府が創設した、旧伏見宮系の十一宮家が臣籍降下《しんせきこうか》された結果、皇統継承問題が浮上し、十数年前の小泉元首相の有識者会議が「女帝容認論」という不敬極まりない発言をしたことは、いまだに記憶に新しい。

畏れ多くも天皇に対して、「容認する」とは何と不遜な表現であろうか。

更には、敗戦後の十一月十八日にＧＨＱが発した「皇室財産凍結の覚書」の内容を恒久化するために行なった施策がある。

憲法第八十八条「すべて皇室財産は、国に属する。すべて皇室の費用は、予算に計上して国会の議決を経なければならない」という規定をマッカーサーは憲法に盛り込んだのである。

日本の歴史・伝統の何たるかも理解できない連合国が押し付けたこんな卑俗な条項を、日本人として容認できるはずがない。皇室の存在は国会の議決以前の問題であり、皇室が自律していなければならないのは、当然である。

皇室経費は皇室会計法というものを通じて国庫より支出していた旧典範の条項を廃棄して、新たに皇室経済法を新皇室典範と同時に発令したのだ。

昭和二十二年五月二日、「皇室典範」を廃止し、同時に「皇室祭祀令」を含む「皇室令」をも廃止したのである。そして翌日五月三日、日本国憲法施行と共に、「新皇室典範」から新たに分離された「皇室経済法」が施行された。

この皇室経済法により、宮中祭祀や伊勢神宮への幣帛《へいはく》料（奉納金）さえも天皇家の私的経費としてされてしまったのである。その中には、皇室費としての内廷費、宮廷費、皇族費の三種類に分類され、生活費に当たる内廷費に関しても細かく規定する有様だ。

たとえば、内廷職員の数が二十五名、祭祀に要する経費も自己負担、伊勢神宮などの神社に対する幣帛料（奉納金）も宗教色があるとの理由で、生活費に当たる内廷費から支出することまで知る国民は少ないだろうが、知らぬこととは言え、こんなことが許されてきたのだ。これでは、不敬で傲慢な幕府の朝廷に対する仕打ちよりも更にひどいことを、戦後の国民は皇室に対してしてきたことになる。

これでは神道指令がそのまま恒久法として残ったことになる。今に生きる我々は、戦後七十数年経った今もいまだに占領下体制にある、ということの事実に目覚めねばならない。

天皇陛下をはじめ皇族のお仕事は、憲法に定める国事行為以外の、神道の祭主として祭祀を司り、日夜、国の安寧と国民の安全を祈っておられるのであり、四六時中、御公務であるのだ。そのいずれを私的経費と位置付けることができるのだろうか？

また、旧典範では、天皇は神道の最高祭主としての祭祀大権を有していて、皇室祭祀令に基づく皇室祭祀を司り、皇室独自の法令を皇室令のもとに管轄してきた。しかし、戦後占領軍は、新皇室典範発令と共に、その二つの法令、皇室祭祀令、皇室令を共に廃止して天皇の祭祀大権を奪ってしまったのである。その結果、戦後体制の下では、天皇は国家最高の祭主の地位と祭祀大権を失い、皇室が行なう祭事は皇室御一家の私事にとどまることになってしまったのである。

●旧皇室典範

日本国憲法と同様に、皇室典範も一語の改正もされず、日本人自らの手になる法律にはなってはいないのだ。要するに、占領軍が意図した日本国並びに皇室解体の土台作りが、いまだに変更されずに、現在も進行中である、ということとなる。

ＧＨＱの中にはハーバード・ノーマンのような共産主義のスパイが暗躍していたことが戦後明らかになり、彼らの皇室解体計画とＧＨＱとが協調したわけである。

それは米国主導の憲法発布と同時に、皇室典範にも手をつけ皇室の生殺与奪権を国会に与えたのだ。換言すれば、米国製の憲法の下に皇室典範を配したのだ。

いくら占領下とはいえ、日本の国体を変え、憲法を変え、日本固有の宗教までも変えたGHQの行為は、国際法のもとでは決して許されることではない。

「神道指令」による神道と国家の分離の結果、皇室の祭祀が私的祭祀と区分され、祭祀を司る掌典（神官）たちを天皇が私的に内廷費から雇わねばならなくなったのだ。

このようにGHQは皇室解体計画を次のように目標を定めて着々と進めた。

①皇室財産の極小化
②天皇の祭祀大権を奪う
③皇室の独立性を奪う
④皇室問題に関わる政府の権限の増大

新皇室典範は、日本国憲法の下位法として位置づけられたのである。

憲法第二条の「皇位は世襲のものであって、国会の議決した皇室典範の定めるところにより、これを継承する」は「皇室典範」は国会の議決に左右される、ということで、第一条の「天皇の地位は、主権の存する日本国民の総意に基づく」と呼応しているのである。

更に旧皇室典範には「皇族会議」が厳として明記されていたが、新皇室典範には、「皇族会議」が廃止され「皇室会議」に摩り替わっているのである。

皇族会議の代わりに置かれることになった皇室会議の中には、皇室の家長ともいうべき天皇は入っていないし、皇族はわずか二名しか入れない。その他は総理大臣を議長として三権の長、衆参両院の副議長が加わり、時の政治権力が皇室の重要事項に関与できる体制になっている。

皇族会議に替わった皇室会議の弊害が各処で見られる。

宮中の祭祀の簡略化は入江侍従長によって着々と進められてきたが、昭和五十年八月十五日の長官室会議で、天皇に代わって宮中三殿を拝礼する毎朝御代拝は、侍従が烏帽子、浄衣に身を正すのではなく、モーニング姿で行なわれることが決まった、と側近の日記に記されている。

まさに言語道断であり、占領下で課された新皇室典範による弊害が随所に現れているのである。

新典範は、皇室自身の事柄を、皇室自身の意見は反映させせない形で決めていこうという、極めて非人間的な立場をとっている。

換言すれば、「日本国憲法」と新典範の下にある戦後日本は、皇室の衰微《すいび》した武家政治の時代よりもはるかに、天皇及び皇室を圧迫してきたのである。

そして、独立回復後も、占領軍が改悪した日本の伝統文化の破壊体制を、そのまま温存してきたとは、国民の何という怠慢、何という恥知らずであろうか。

旧皇室典範にある皇族会議は、

第十一章　皇族會議

第五十五條　皇族會議ハ成年以上ノ皇族男子ヲ以テ組織シ內大臣樞密院議長宮內大臣司法大臣大審院長ヲ以テ參列セシム

第五十六條　天皇ハ皇族會議ニ親臨シ又ハ皇族中ノ一員ニ命シテ議長タラシム

と規定されていた。これに対して新皇室典範による「皇室会議」は、「皇室会議の議員には、以下の十人の者が充てられる。

皇族二人―成年皇族の互選による。任期四年。

三権の長

内閣総理大臣

衆議院議長（衆議院解散時は、後任者が定まるまで解散の際の議長・副議長）

参議院議長

最高裁判所長官

衆議院副議長

参議院副議長

最高裁判所裁判官一人―互選による。任期四年。

宮内庁長官」

と定められている。

旧皇室典範の皇族会議は、天皇が主宰し、皇族の成年男子にメンバーとして表決権を与えていた。枢密院議長ら五名も参加したが、表決権を有していなかった。明らかに、皇族会議は皇室、それも天皇中心の機関であったのである。皇族会議は皇位継承以外にも、摂政設置などの事柄を（旧典範十九条）枢密院と共に議論した。また、皇族の懲戒については皇族会議だけで議論されていた（旧典範五十四条）。更には、皇室の自律性を保障するために、「世伝御料」などの形で皇室の世襲財産が保障されていた（旧典範第四十五条）。皇室会議では、皇位継承、婚姻関係、摂政、皇籍離脱問題を扱う。

憲法第二条の「天皇の地位は、国民の総意による」ことと、皇室会議の八割の議員が政府の人間であることから、占領軍の意図があからさまである。

この皇室自治主義の考え方から、戦前期には、宮内省は一応国家の機関から分離され、皇室の機関として観念されていた。また皇室自治主義の精神から、皇室典範の改正については、皇族会議と枢密院の議論によって行なわれることになっていた。旧典範第六十二条は「将来此の典範の条項を改正し又は増補すべきの必要あるに当ては皇族会議及枢密顧問に諮詢して之を勅定すべし」と規定していた。

第四に、明確に、旧典範下の天皇は、神道の最高祭主として祭祀大権を有していた。そして、践祚《せんそ》の際における神器継承や「即位の礼」に続く大嘗祭はもとより（旧典範十、十一条）、皇室祭祀令によって定められた大祭や小祭には、公的意味が付与されていたのである。

●天皇は御存在自体が公《おおやけ》

「天皇陛下、万歳」と叫んで死んでいった兵士たちは、その「天皇陛下」は「日本国」と同義である。すなわち「天皇陛下」は「日本国」の代名詞である。左翼はこの兵士たちの呼びかけをことさら天皇個人に命を捧げたと歪曲して天皇を攻撃する材料にしてきたが、天皇には「私的も個人もない」御存在自体が「公」である。そこを誤解してはいけない。

従って占領軍がつくった日本国憲法の第八十八条に基づいて皇室経済法をつくり天皇家の私的支出という項目を設けたことは、皇室を理解しない占領軍のまったくの暴挙である。よって「天皇家」という言葉は誤りであり、「皇室」でなければならない。天皇、皇室は常時、公的存在であるから個人の天皇家もなければ、私的支出もないのである。

憲法第一条の「天皇は日本国の象徴」の意味はそういうことである。「日本国の象徴」であられる天皇に「私的」や「個人」という言葉を使うこと自体、憲法に違反している。

因みに「天皇制」という語も「天皇家」と同様に共産党用語であるから、良識のある日本人は使ってはならない。

●主権回復後は我らの責任だ

もともと「天皇」という存在は、諸外国のように「軍事王」ではなく、「宗教王」として出発したのだ。従って祭祀大権は、天皇の政治的権威を大きく根拠づけるものであった。

ＧＨＱは、祭祀大権を奪うことによって天皇の政治的権威を大きく毀損させた上で、翌二十一年二月十三日、自ら憲法改正草案を作成し、日本政府に押し付けたのだ。ＧＨＱ案第二条は、「皇位は、世襲のものであり、国会の制定する皇室典範に従って継承される」と規定していた。

しかし、ＧＨＱが占領下で発した政令は、昭和二十七年にサンフランシスコ講和条約を締結して独立を回復した時点で、既に無効となったはずではなかったのか。

ところが実に驚くべきことに、そして実に政治の怠慢であることに、独立回復後、即刻廃棄されるべきであった占領政策が、日本国憲法に代表されるように、そしてこの神道指令のように、戦後七十数年のいまだに日本社会を、日本の国体を有効に蝕んでいるのである。これこそ日本人の屈辱であり、恥である。

占領軍がいかに違法な政策を課そうとも、主権回復後は、我々日本人の責任で、日本を取り戻さねばならない。

いつまでも占領軍の非道をなじるばかりでは、見苦しいし、情けない。

●今後の皇室

戦後、占領軍の皇室典範の改悪に起因する様々な弊害が起きてきた。そのうちの最大のことは皇統に関することである。女性宮家、あるいは臣籍降下した宮家の皇族への復帰、更には天皇の側室制度など有識者にだけ議論を求めるのではなく、国民の広汎な層の意見を取り入れるべき問題である。

そのためには、宮内庁が国民全般にわたって天皇陛下や皇族方の御公務の内容やご動向などの広報活動を積極的に推進することが肝要である。

戦後は「開かれた皇室」を目指したものの、スキャンダルだけが週刊誌などに不必要に報道されてきたのは、占領軍の意図に迎合したものだ。

国家の繁栄と国民の安寧を日夜祈っておられる天皇の最も重要な「宮中祭祀」に関して、国民の理解を促すような広報活動が望ましい。

第二章　日本国憲法の正体

●オーストリアの旧憲法復活

一九三八年、ナチスによってドイツに併合されたオーストリアは、一九四五年五月、ヒットラーの降伏・自殺後、独立を回復した。

独立回復と同時に固有の憲法が復活し、ドイツによる併合の無効と旧オーストリア共和国の復活宣言が一九四五年五月に行なわれ、旧憲法の復活確認は、翌年五月に行なわれた。

これは英米仏ソの連合国も公式に認め、占領国ドイツの不法行為によって廃止された本来の憲法が、被占領国の独立回復後、国家の正常化に伴い復活した事例である。

●敗戦国ドイツの場合

次に日本の同盟国で同じ敗戦国のドイツの場合を見てみよう。

昭和二十年五月、ヒットラーは自決し、ドイツは無条件降伏して東西に分割された。

連合国に占領され、憲法制定を命令されたドイツは、占領軍の命令に対して、西ドイツ十一州の代表者たち全員が反対した。

「主権も自由も持たない占領下のわれわれが、しかも東西に分割されていて、どうして憲法を制定することができるか。もし占領軍が憲法の制定を強要するなら、われわれは一切の占領政策に対する協力を拒絶する」

と強硬に抗議し、英米仏三国の軍政長官を服せしめ、憲法ではない、ただ、単に「西ドイツ基本法」を制定することで決着したのである。

このように西ドイツが「ドイツ連邦共和国」として発足する際に、憲法に関しては占領国の介入を一切拒否して基本法を制定したのだ。ドイツの指導者たちは、入念にも基本法の前文に「ドイツ国民は過渡期における国家生活に新秩序を付与するため、この基本法を制定する」と記載し、更に末尾の第百四十六条には「この基本法はドイツ国民が自由なる決定によって議決した憲法が効力を生ずる日にその効力を失う」との注意規定を設けて、基本法の時限法たる性格を明確にした。

即ち、「**独立を回復した時点で基本法は失効する**」との規定まで設けてあったのだ。

ここに日本の場合と大きな違いがあり、そして戦後十年後には再軍備に着手し、NATOに加盟し徴兵制まで導入したのだ。ドイツの憲法は西暦二〇〇〇年までに都合四十八回、改正されている。

占領管理法を改正するということは、占領管理法を日本国憲法として認めることを前提としている。たとえ、全文の内容が同じになったとしても、正当な法手続き上、まず占領管理法を破棄して、その上で新しく日本国憲法を制定することが独立国家として当然必要な手続きなのである。

これは、ドイツやオーストリアの実例を見るまでもなく、日本はその正当な手続きを踏んでこなかったのである。

その正当な過程を経なかったために、日本国民は国家としての揺るぎなき縦軸を失って迷走してきたのが、戦後の日本の実態だ。

ドイツの場合と同様に、日本国憲法はＧＨＱの支配下においてのみ有効な「時限立法」であったはずである。しかしながら、日本人の場合、ドイツのように「占領管理法」は時限法だという自覚すらなかったようだ。それを何を血迷ったか、日本人は独立を回復した後も、平和憲法として金科玉条のごとくあがめてきた事実は、物事の理非をわきまえない屈辱的な所業ではないではないだろうか。

●強圧下での憲法改正手続き

確かに形式上は、日本国民が帝国憲法を改正したことになっている。

昭和二十一年十一月三日付で、

「朕は、日本国民の総意に基づいて、新日本建設の礎が定まるに至ったことを深く喜び、枢密顧問の諮詢及び帝国憲法第七十三条による帝国議会の議決を経た帝国憲法の改正を裁可し、ここにこれを広布せしめる」

として昭和天皇の御名御璽《ぎょめいぎょじ》をもって公布されてはいる。

明治憲法第七十三条の改正条項の総議員の三分の二の出席のもと、その三分の二の賛成を得たことになる。

しかし、実態は、日本国憲法は日本国民が主権を有さない、連合国ＧＨＱによる占領下で公布されたものである。国会議員の八割が公職追放で占領軍の意のままになる議員に入れ替えられていたのだから、そこには日本国政府の意思よりも、はるかに強く占領軍としてのＧＨＱの意思が働いていた。いわば、国体護持という銃剣を突きつけられながら、無理やり承諾させられて、強制的に公布させられたものである。

当初はＧＨＱの命令で松本烝治国務大臣が中心になり、政府の改正案を作成し、また民間では憲法調査会が鈴木安蔵を中心に案を練っていた。

しかし、ＧＨＱはワシントンの誕生日の二月十二日に発案して、リンカーンの誕生日の二月二十二日に確定する改正案を急遽作り上げた。

いずれにせよ、日本国憲法は日本国民が自由な発想のもとで議論できる状況にない占領下において、強制された「占領管理法」であるのが実体であり、これは戦時国際法に違反する暴挙なのだ。

「占領管理法」は占領状態が持続している時期に有効であって、昭和二十七年四月、サンフランシスコ講和条約を締結した時点で、この占領管理法の使命は終わっている。

占領管理法を偽装して真正な日本国憲法として表面上レッテルを貼っただけの、憲法を真正なものとして日本国民は錯覚したのだ。ちょうど日本が連合国に「無条件降伏をした」と故意に連合国は繰り返し日本人を洗脳したのと同様だ。そのため日本国民は必要以上に卑屈になっていった。

ドイツの場合は、ヒットラーが自決して政府が崩壊したので無条件降伏をせざるをえなかったが、日本の場合は「ポツダム宣言」にも明記されているように条件付の敗戦であった。日本国軍隊が武装解除されて無条件降伏をしたのであって、日本国家は政府も健全に機能していた。

この屈辱的な占領管理法を戦後七十年以上経て、平成の御世も終わろうとしている今も、いまだに日本国憲法として認めることを、日本人として許せるだろうか。

●日本とドイツの国民性

終戦後東京裁判の最中、ドイツを視察してきたあるアメリカ人は、ドイツの復興ぶりを称賛しながら語った。

「ドイツの復興は魂の勝利だ。日本人は大和魂などとうぬぼれているが、精神的復興はドイツの方が遥かに先だ。ドイツの青年どもは我々占領軍に対して、お前たち三等国民が我々一等国民を統御するなんて片腹痛いとあざけり笑っている。ニュルンベルグ裁判の被告たちは、連合国の判事や検事をにらみつけて、死刑でもなんでもやるならやってみろといった態度をしている。

ドイツの街にも売春婦はいる。しかし日本と違うのは、ドイツの売春婦は恥ずかしそうにドイツ青年の目をそらしながら下を向いてうつむいて歩いているが、日本の売春婦は米兵の腕にぶら下がり誇らしげに歩いているではないか。

『我々は生きるためにやむを得ず肉体を売っているが魂は売らない。国家に尽くす忠誠心は断じて売らない』とはドイツの売春婦の啖呵である。日本は女ばかりでなく男までもが民族の誇りも伝統も、うち捨てて奴隷のごとく劣等国民に成り下がっているではないか。占領統治も手がかりはみな日本人の密告と投書だ。日本人同士が互いにあばき合い占領軍の手引きをする。日本民族として恥ずかしくはないのか」と。

この言葉は歴史を学んだ日本人なら心当たりがあるはずで、非常に手厳しく我々の胸を打つ。多くの国民が気付こうと気付くまいと、これと同じ状態が敗戦後ずっと続いてきて現在に至っている。実に屈辱的な状態なのだ。

これほど世界の中の一民族として悲しいことがあるだろうか。

前述したように同じ敗戦国のドイツの場合と、なぜかくも大きな違いができてしまったのだろうか。

日独の売春婦の態度の違いは、日本人の白人に対する人種的劣等感がそうさせるものであろう。また、ニュルンベルグ裁判と東京裁判における日独被告人の態度の相違は、多分に国民性のまた価値観の相違からくるものと思われる。ドイツ人の場合、裁判の判決に対して罵倒して罵詈雑言を叫び、あくまで抵抗の姿勢を貫く。日本人の場合は判決が言い渡されても、淡々と従容として受け入れる態度は、ドイツ人から見れば日本人は敵に対して従順すぎると映るのであろう。

●日本人の美学に甘えるな

しかし、日本人の場合は、汚れたものを「禊《みそぎ》・祓い」、悪い点を悪いと率直に認めようとする神道からくる潔さが背景にある。日本人はそういう潔さを最も尊ぶ。逆にドイツ人の抵抗を未練がましいとか、みっともないと感ずる美学を持っている。更に仏教から学んだ諦観に似た日本人の智慧がその底流にある。武士道の精神もそれに加味されるであろう。

日本研究家で英国人外交官、ジョージ・サンソムは「日本では『きれい』とか『汚い』という美的感覚に基づいて、お互いの行動を律している。これは我々の世界観を転倒するような道徳観だ」と驚嘆している。これは普段は意識していないけれども日本人の美学、美意識なのである。

武士が切腹の場に臨んで、短冊に辞世の句を淡々としたためる光景は、死に臨んでも、それを現実として従容として受け入れ、沈着冷静に辞世を書く姿を、美しいと日本人は感動するのである。

平成二十三年の三月十一日の東日本大震災という未曾有の災害に対しても、被災者の沈着・冷静さは世界中を驚嘆させた。今回ばかりではない、十六年前の阪神大震災の時も、更に大東亜戦争の時も、八月十五日の玉音放送に接した時も静寂に「国民は黙ってその事変を受け止めた」

富岡幸一郎氏は「歴史の未曾有の出来事に向き合った時、日本人は憤怒も絶望も悲しみをも超えた、この民族の最も深い、ある原感情に突き当たる。それは狂騒ではなく沈着であり、運命に対する反抗ではなく受容である。それは狂わしい出来事を静けさをもって沈静させる祈りの心である」と書いている。

小泉八雲もその著書の中で日本人の性格を形作ってきたものは、神道と仏教であることを挙げている。

「日本は自国の道徳力を創造し保存した、二つの大きな宗教に感謝してよかろう。その一つは自分の一家のこと、もしくは自分のことを考える前に、まず天皇と国家のことを思うことを国民に教え込んだ、かの神道である。もう一つは、悲しみに打ち勝ち、苦しみを忍び、執着するものを滅却し、憎悪するものの暴虐を、永遠の法則として甘受するように国民を鍛え上げた、かの仏教である」

富岡幸一郎は小泉八雲とまったく同じことを書いているのである（第八章「小泉八雲の神道と仏教」参照）。

運命に対して真正面から向き合い受け入れ受容する日本人を思う時、連合国軍の占領下の法体制を現在まで引き摺ってきた現実と、正面から向き合う同じ姿勢を垣間見ることができる。神道、仏教、武士道により培われてきた日本人の特性がよく現れている。

「理を言うな」と、「理よりも義を重んずる」士風が薩摩や会津に伝えられている。論語の「君子は義にさとり、小人は利（理）にさとる」に相通ずるが、「がたがた言うな、やるべきことをやれ」という日本人の国民性の一画を形成してきたことと無関係ではあるまい。

しかし、我々は日本人の国民性を楯に、自らを甘やかして占領下法制度下に甘んじてきた日本人の態度を決して許容してはならないし、一日も早くこの現状を覆すことが、現在の我々に厳しく求められていることを忘れてはならない。

●国際法違反の占領政策

憲法改正は占領体制下に力ずくで日本国民に占領管理法を押し付けた、連合国の明確な国際法違反であり、一九〇七（明治四十）年に締結されたハーグ陸戦法規という戦時国際法にも明確に「占領軍が支配国の国法を改廃することを禁じている」のだ。

占領下で占領軍がつくった改正憲法は、明らかに国際法違反なのである。

一六四八年につくられたウエストファリア条約は世界の三大条約の一番古いもので、この条約の非常に重要な方針は、その国の君主の宗教は国民の宗教であって、お互いに他国の宗教には口を出さない、ということだ（故渡部昇一上智大学名誉教授の説）。

この条約は戦後も守られている。北アイルランドＩＲＡがずっとテロを行なってきてサッチャー元首相も危ない目に遭ったが、それでも彼女はテロを批判してもカトリックを批判していない。

ブッシュ大統領もイラクに民主主義をつくると言って、内政干渉をしたが、イスラム教の批判はしていない。

しかし、マッカーサーの頃は、アメリカにウエストファリア条約の精神が浸透していなかったのだろう。日本に対して「神道指令」を出している。これはあってはならないことで日本人の人権を無視した暴挙である。今は、アメリカはイラクやイスラム国でイスラム教を禁ずる「イスラム指令」など出せるだろうか。混乱が目に見えていて不可能であろう。

●教育政策にも干渉した占領軍

昭和二十三年六月、「神話的国体観に基づいている」として教育勅語などが衆参両院で失効決議をされたが、当然ながら占領軍の圧力下で公職追放された彼らの意のままになる八割の国会議員により決議されたにすぎないのだ（第九章「明治日本の復元力」参照）。

一九八〇年代の英国でも米国でも、教育の荒廃を憂えた政府は日本の教育勅語を参考にして見事に教育再生に成功している。占領軍自らが禁じた教育勅語を数十年経た後に、自国の教育の参考にするとは何と言う皮肉であろうか？

ドイツのアデナワー元首相は「日本の教育勅語こそ古今東西を通じ人類普遍の道徳律である」としてドイツ語に訳して書斎に掲げて毎日朗誦し、ドイツの教育理念としていたという話は有名だ。諸外国の首脳がこぞって教育勅語の価値を称賛している中、発信元である日本だけが拒絶しているとは情けないことだ。

その後、日本が独立を回復した時点で、日本国民が主権を持たない占領下での国会でなされた決議はすべて失効したはずであり、教育勅語排除決議も失効して同時に教育勅語は復活したはずであり、現在でも「教育勅語」が教育界で重用されているはずである。しかしそうならないのは、日本人がいまだに占領下の体制の認識のままだからである。

●貶められた天皇の権威

ここで、占領軍が憲法を改悪した結果、国家的行事において障害をもたらした事例を見てみよう。

昭和の御世が終わって昭和天皇をお見送りする時の「大喪の礼」の際に、政府が経費の支出に関して揉めたことがあった。

日夜国民の安寧と国家の繁栄を祈念する祭祀王であられる「日本国の象徴」の葬儀であるにも関わらず、伝統の鳥居でお社をつくって柩をお祀りしたことなど、宗教色・神道色が強い部分は、内廷費（私的な生活費）扱いにされてしまったことがある。

総理府の予算から葬儀費用を捻出するためには、弔問に訪れる公人・外国元首の前で鳥居を取り払い、掌典たちを退出させて「公的性格」を演出せねばならないからだ（中西輝政著『日本人としてこれだけは知っておきたいこと』）。

なぜ、こんな馬鹿なことがまかり通るのかといえば、敗戦後、ＧＨＱ（連合国軍総司令部）は、昭和二十年十一月十八日「皇室財産の凍結の覚書」を発令し皇室財産を没収し、十二月十五日には、神道指令（「国家神道、神社神道に対する政府の保証、支援、保全、監督並に弘布の廃止に関する件」）を発令し、神道と国家の分離を命令したのだ。これは前述した君主の宗教は国家の宗教であるとしたウエストファリア条約や、占領期間中の被占領国の法改正を禁じた「ハーグ国際条約」の精神に真っ向から対立するものである。イギリスも立憲君主国だが英国王は一国の王と、英国国教会の祭主を兼務している。すなわち「政教一致」の国であるからこそ、あれだけ信教の自由が護られているのである。

話を戻すと、その結果、戦後体制の下では、天皇は国家最高の祭主の地位と祭祀大権を失い、皇室が行なう祭事は皇室御一家の私事にとどまることになったからである。

「神道指令」による神道と国家の分離の結果、皇室の祭祀が私的祭祀と区分され、祭祀を司る掌典（神官）たちを天皇が私的に内廷費から雇わねばならなくなったのだ。驚くべきことに、いまだに占領軍の発した「皇室財産凍結令」も「神道指令」も生きているのだ。

しかし、ＧＨＱが占領下で発した政令は、昭和二十七年にサンフランシスコ講和条約を締結して独立を回復した時点で、既に無効となったはずである。ところが実に驚くべきことに、そして政治の怠慢であり、独立回復後、即刻廃棄されるべきであった占領政策が、日本国憲法に代表されるように、そしてこの神道指令のように、いまだに日本社会を日本の国体を亡霊の如く有効に蝕んでいるのである。日本国に主権がない占領下で施行された占領管理法が、いまだに効力を有すること自体が異常だが、そのために神道指令や皇室に関わる法令などの占領下の施策も、占領軍の残した唾棄すべき残骸が占領憲法と相連携して生き残っているのである。

七年間にわたった連合国軍の占領政策の残滓が、七十数年後の我々が日本の社会を、いまだに蝕み続けているこの実態を直視し、一日も早く変えることが日本再生の絶対条件なのだ。

●日本国憲法の失効宣言

では、具体的にはどうするか？

まず、国会において占領管理法である「日本国憲法失効宣言」を決議する。同時に「大日本帝国憲法」が復活するが、明治憲法の内容を現状に合うようにするために時限立法として「臨時措置法」を制定し、改正案が成立するまで暫定的に運用の根拠とする。

ここで大事なことは「大日本帝国憲法」や「教育勅語」が時代錯誤の古臭い悪いものだという占領軍に与えられた誤った認識を全国民が捨て去り、先人が苦労して作り上げた日本国の誇るべき遺産だと自覚することである。そこから日本人としての新しい意識改革が始まる。更に「正統憲法制定委員会」を組織し、復活憲法の改正案を策定する。改正案が可決された後、帝国憲法第七十三条により天皇陛下に改正の御発議を奏上し、独立国日本の新憲法が制定されるのだ。

これは昭和三十五年、東京裁判の法廷にも裁判官として立たれた菅原裕法学博士が『日本国憲法失効論』という著書の中で提案されていることだ。我々日本人に今、必要なことは、「日本国憲法をはじめとする占領諸法制は占領体制下の時限法である」ことを、はっきりと自覚し、憲法をはじめとする占領軍が残した残滓を完全に破棄し、新しい日本を再生させることである。

道は容易くないだろうが、ぜひ真の独立国家としての「日本」を創り上げようではないか。

最大の問題は日本国憲法の廃棄宣言をした後、新憲法が発布されるまでの間の空白期間に安全保障上他国からの侵略の恐れがあることだ。

新憲法が発足するまでは暫定的に旧憲法が有効という形にして、厳戒な国防体制を敷いておくことは当然だが、この空白期間を最小限に抑える工夫が必要になってくる。それには前もって制定した新憲法を国会で合意を得ておくことである。憲法と皇室典範を、まず新しいものにすることである。

占領下法制を廃して、新しい日本国の法整備をする目的だ。その際、憲法と皇室典範以外の国内法は現行の法体系を維持し、必要に応じて順次改正を加えることにする。

今のところ、現憲法を改正するためには現憲法を占領管理法だとすると、その他の国内法も無効となり国内が混乱するから、正統性のある憲法として認めよう、という意見が大半を占めている。

これでは占領下でつくられた憲法を正統な憲法として認めることで、国民自らが誤魔化していることになる。そのために日本国憲法は幣原喜重郎の案だとか、日本独自の憲法であることを印象付けるような話が巷に溢れているが、約七年間のＧＨＱによる占領期間中の天皇陛下でさえマッカーサーの支配下に置かれた、主権のない時に制定された日本国憲法であることは、疑いようのない史実である。

従って、日本国憲法を廃棄宣言する直前まで日本国憲法を有効と認めてきたことに対して、「我々は今こそ占領管理法として認めて廃棄処分とする」と七十数年間の我々の過ちを率直に認めることで正統性を確保することができる。

過ちを認めるに遅すぎることはない。その過ちによって生ずる損害賠償には応じないことも付記すれば済むことである。

正統性を重んずることが如何に重要であるか、隣国の韓国の例に学ぶことができる。

昭和二十年、日本が連合軍に敗戦後、朝鮮併合後米国に亡命した李承晩が韓国に帰国し、昭和二十三年には国連監視の下、選挙で李承晩政権が樹立した。戦争中に中国の重慶で韓国臨時政府が対日宣戦布告をしていたとして、韓国は連合国軍として日本と戦ったと主張した。韓国の国定教科書には韓国光復軍は日本軍と戦って独立を勝ち得たと記されている。そこには連合国軍と戦った洪思翊陸軍中将をはじめ多くの韓国出身の大日本帝国軍人の姿は無視されているのである。

日本の歴史認識を折に触れて攻撃する隣国が、史実を曲げてまで国家の正統性を主張するのを、正統性のない憲法を持つ日本が非難できるはずがない。

第三章　靖国神社は日本の心

●御譲位前に、今上天皇の靖国神社御親拝をして戴く

戦後の記録によると、天皇陛下が靖国神社を御親拝（参拝の敬語）されたのは、昭和五十年の十一月を最後に途絶えている。我々国民が周知のように天皇皇后両陛下は、御多忙の御公務の合間を縫って、毎年の災害による被災地をご訪問され被災者の心を慰められてこられた。また、沖縄の激戦地をはじめ海外の激戦地の各地に戦没者の慰霊の旅を数多く重ねられてきた。

しかし、両陛下の御心は、常に二百四十六万余柱の英霊が眠る靖国神社を参拝されることを熱望されておられることは、我々国民はお察し申し上げている。

だからこそ、平成三十一年四月の天皇陛下の御譲位前には、必ず、靖国神社を御親拝戴いて、御宸襟《しんきん》を安んじ奉るのが、国民の義務である。

息子よ、お前の通っていた大学の近くにある靖国神社は、平成生まれのお前もよく知って

いるだろう。

入学した年の夏に「靖国神社に参拝したか?」と聞いたら、「微妙だから」という答えがメールで送られてきた。最近でも春の例大祭に数人の閣僚が参拝した。それに対してすぐに中国と韓国が反発し、予定されていた会談なども相次いで中止になった。

「日本のために命を捧げた英霊に対して、感謝と追悼の気持ちを表明して靖国神社に参拝することは日本国民として当然のことだ。他国の人間がごちゃごちゃ言うことではない」

と息子に伝えると、

「内政干渉とも言えるが対外的な問題で、戦争やA級戦犯を肯定することにもつながるし微妙ですね」

という返答が送られてきた。

日教組の支配する戦後の教育を受けてきた日本人の典型的な反応であるが、なぜ親である自分が、もっと真っ当な意識を子どもたちに教えてこなかったのか、と痛切な反省の気持ちが湧いてくる。

靖国神社にせよ、尖閣諸島の領有権にせよ、政府の弱腰を非難するのは容易いが、自分が日本のためにできることを子どもたちにも、周りの隣人たちにも伝える努力を疎かにしてきたのではないか。今からでも遅くはない。

息子に正しい歴史認識を伝えなければならぬという想いから、少しずつ話をしていこう。

●国のために命を捧げる崇高な精神

息子よ、お前も日本がアメリカと戦争をしたことは知っているだろう。多くの犠牲者を出してまで、なぜ戦争をしたのか。靖国神社に祀られているだけでも約二百五十万人の戦没者がおられるんだよ。日本のために命を捧げられた人々を「英霊」とお呼びするが、この言葉には尊敬と感謝の気持ちがこめられているのを感じ取れるだろう。

父さんは東京で何回も研修を受けたが、研修期間中は毎朝靖国神社に参拝していたものだ。市ヶ谷に研修所があったから靖国神社は近かったこともあるが、玉砂利を踏みしめて朝霧の中を歩く時の厳かな雰囲気が快く、朝飯前の散歩にはいつも気が引き締められたものだよ。

靖国の杜に眠る英霊に対して、四季折々に感謝と哀悼の心を捧げることは、主義・主張に関係なく、人間として日本人として至極当たり前のことなんだよ。靖国神社参拝は純粋に国内の問題であって対外問題ではありえないのだ。

それを歴史認識とか何とか様々な理由をつけて非難するのはおかしいことだと感じないかい？　それも他国が言うのは礼を失していると言えるだろう。それも中国と韓国だけなんだよ。

他の諸外国は何にも言ってはいないんだが、それが当たり前のことなんだ。どこの国にでも、自国のために命を捧げて亡くなった人がいるよね。たとえば韓国のために戦って亡くなった戦士を祀る場所へ韓国の大統領が参拝したら、日本の政府は文句を言うだろうか。

靖国神社の参拝に異議を唱えるということは、それと同じくらい失礼なことなんだよ。

●敵国ながらあっぱれな精神

第二次大戦ではオーストラリアも敵国だった。昭和十七年五月、日本海軍の特殊潜航艇三隻がシドニー湾に突入し、米軍艦を攻撃し一隻を撃沈したが、乗員は結局帰還しなかった。潜水艇が引き上げられ、壮烈な戦死をした松尾中佐と中馬大尉を戦争中にも関わらず、オーストラリアはグールド少将が豪州海軍葬で弔ってくれたのだよ。

敵でありながら、その勇敢な行動に強い衝撃と深い感銘を受けたそうだよ。

戦争中でもこれだけのことができる敵国もいたんだね。このような例はいくつもあるんだよ。

靖国神社に祀られている英霊の中には、まだ二十歳に満たない青年も含めて敵軍艦に体当たりするために、特攻隊で散華していった人たちも大勢いるんだよ。靖国神社の遊就館には、この人たちの出撃前の遺書が多数陳列されているが、涙なくしては読めないくらいだよ。

お前にもぜひ読んで欲しいのだよ。

お前たちと同じ年代の若者たちが、どういう想いで戦場に出て行ったかをぜひ知って欲しいのだよ。それらの遺書に共通するのは、家族を守るため、日本を守るために自分は命を賭けて闘うんだ、という純粋な気持ちなんだ。

その人たちのお蔭で、今の日本の繁栄があり、我々は平和な生活を楽しむことができるんだよ。

●理不尽な中国と韓国

一方では、政府関係者が靖国神社参拝すると韓国・中国はすぐに政治問題化し外交関係にも、経済関係にも影響を及ぼすような態度をとるが、これはあまりに大人気《げ》ない振る舞いではないだろうか。

ましてや日本の経済界は輸出が縮小するから、靖国参拝は自粛して欲しいと声を上げるが、本来やるべきことをやらないで、経済に支障がなければいいというのでは、人間の本分を忘れて、金ばかりを追い求める情けない所行ではないだろうか。

相手の理不尽な抗議に唯々諾々《いいだくだく》と節を曲げるのではあまりにも情けない。人間には「これだけは絶対に譲れない」というものがあるだろう。日本人が日本人であるためには、これだけは譲れないものがあるはずだ。今年こそはと、国民の多くが期待していただろうが、がっかりしたことに、この夏もまた安倍首相は靖国神社参拝を見送った。「他国に配慮して」と耳障りのいい言葉を使っても、内実は中・韓の不当な要求に屈したことに他ならないのだよ。

多くの国民もきっと屈辱感を味わっているよ。

靖国神社参拝がここまで問題になるのは、実は日本政府自身に問題があるんだよ。ある時期まで天皇陛下が、御参拝（御親拝という）されていたし、歴代内閣総理大臣も参拝しており、中国も韓国も何ら問題はなかったのだよ。

●靖国の歴史

では、靖国神社の歴史をかいつまんで振り返ってみよう。

明治二年に幕末の戦没者を祀るために東京招魂社が創建されたのだよ。同時に全国各地にも招魂社が建てられ、明治十二年に靖国神社に名称が変わり、日清・日露戦争そして大東亜戦争までの戦没者が祀られているんだよ。まさに現在の日本を命を賭けて築き上げてくれた先人が祀られているのだね。

全国の招魂社も昭和十四年に護国神社として改称されたんだよ。

昭和二十年十一月から昭和五十年まで昭和天皇が靖国神社に御親拝され、また、昭和二十年には三人、二十六年以降六十年まで毎年総理大臣が参拝しているんだよ。それまで何の問題もなく参拝してきたのに、なぜ中国や韓国から文句が出るようになったんだろうか。不思議に思うだろう?

それは日本人でありながら日本を嫌いな、日本を貶めようとすることに生甲斐を感ずるという政治家や文化人、マスコミの存在が大きいと父さんは思うんだよ。

彼らは近隣諸国に媚びて炊きつけて、日本を攻撃させようとしてきたんだよ。いつの時代にもそういう日本人はいるんだね。悲しいことだがそれが現実なんだ。

靖国問題もそんな要素が大きいんだよ。

昭和五十三年にはA級戦犯が靖国神社に合祀されたんだが、前に述べたように六十年までは総理大臣が問題なく参拝を続けていたんだよ。それが六十年の敗戦記念日に公式参拝した中曽根総理大臣に対して、マスコミや近隣諸国から抗議が殺到したんだよ。ということは、この七年間の間に近隣諸国にA級戦犯の合祀などの情報を与えて、日本政府を攻撃するよう働きかけた輩が日本側にいたことは明らかだろう（第四章「占領下法制の今」参照）。

この時点で、日本政府が毅然として、「靖国神社参拝は純粋に日本国内の問題であって他国が口を出すことではない」と跳ねつけていれば、今のような事態にはならなかったと父さんは思うよ。

それを煮え切らない態度で、いつまでも言い訳めいた言葉を使うから、隙をついて中国・韓国に付け入られたんだよ。

弱腰でおどおどした態度で弱みを見せると、付けこまれるのは人間も国も同じなんだよな。もう一つ指摘しておきたいのは、マスコミが靖国神社を参拝する政治家に対して、「公的参拝か？　私的か？」と質問することなんだ。それを大々的に報道するものだから、マスコミは近隣諸国に攻撃材料を提供しているんだよ。私に言わせれば、英霊に参拝するのに公的も私的もあるものか、と記者連中を一喝すればいいものを、いちいち言い訳をする弱腰だから反日マスコミを増長させるんだよ。正しいことをしているのだから、胸を張って正々堂々と参拝すればいいのだ（第四章「占領下法制の今」参照）。

ところでサンフランシスコ講和条約を知っているかい？　日本が自主権を回復したといわれる条約だが、この締結国に韓国も中国も参加していないんだよ。そしてその条約第二十五条には「この条約に署名、批准してない国に対しては、条約に関する如何なる権利も権限も与えない」と明記されているんだよ。

どういうことかというと、「中国・韓国には、日本の靖国神社参拝に関して口を出す権利はない」と、この国際条約が明言しているのだよ。しかしね、そんな条約云々以前に、靖国神社参拝は純粋に国内問題だからお前たちの関与するところではない！　と毅然と相手に向かって宣言することが大事なことなんだよ。

日中平和友好条約第一条及び三条にも、明白に「内政に対する相互不干渉」が謳われているのに、なぜ誰もこのことを持ち出さないのだろうか。

A級戦犯が合祀されているから、というのは向こう側の文句を言う口実に過ぎないんだ。

では次にA級戦犯について考えてみよう。

●東京裁判とA級戦犯

いまどきの大学生は日本が米国と戦争したことも知らない人もいるらしいね。では東京裁判は知っているだろうか。正式には極東国際軍事裁判と呼ぶのだが、日本の同盟国であったドイツを裁いたニュルンベルグ国際裁判とよく比較されるんだが、詳しいことは別の機会に譲るが、ドイツの戦後復興に関しては、日本は多くの学ぶべき点があるんだよ（第二章「日本国憲法の正体」参照）。

さて、まず誰が何の権限を持って東京裁判を強行したかだが、マッカーサーが「極東国際軍事裁判所条例」を制定し、その条例のもとで裁判を開廷したんだ。［平和に対する罪］という新たな罪を設けて戦争終了後に敗戦国を裁くという国際法で認められていない裁判を行なう権限は、連合国にはなかったはずなんだよ。言い換えれば、東京裁判は違法で、勝者が敗者を裁くという私刑、リンチに過ぎないんだよ。

被告人は全員敗戦国の日本人で、検察側は全員連合国の判事だった、その構成を見れば一目瞭然だね。戦勝国には一人も戦争犯罪人はいないのかい。そんなはずはないだろう。これで明らかに復讐を目的にした裁判であることが明白だろう。日本人弁護団の副団長の清瀬一郎弁護人は東京裁判の管轄権に関する動議を提示して、当法廷は被告人を裁判する権限はないと抗議し、戦争犯罪人の定義についても堂々と論陣を張ったんだよ。

この人はＡ級戦犯の東條英機氏の主任弁護人も勤め、東京裁判の不当性を鋭く追及したんだ。

米国のブレイクニー弁護人は「戦争は犯罪ではないが、原爆投下を計画・実行し、それを黙認した者が問う裁判で裁く側に座っている」とアメリカを鋭く批判したが、裁判長はこれを却下してしまったんだよ。そういう一方的な裁判だから、とても国際裁判とはいえないんだよ。

オランダのレーリンク判事も、この裁判の管轄権に対して異議を唱えたんだよ。敵味方を越えた正論を述べる姿には神々しいものがあるね。

●戦争犯罪とは何か

この復讐裁判の条例に基づき東京裁判では戦争犯罪を、

①平和に対する罪

②人道に反する罪

③捕虜虐待等の通常の戦争犯罪

の３つに分けたが、①と②はまったく新しい罪なんだよ。

このように犯罪が実行された後でつくった罪を裁く法は事後法と呼ばれ、違法なんだ。お前も罪刑法定主義を知っているだろうが、それと真っ向から対峙する条例だったんだよ。①

と②に当てはまる人たちがA級戦犯、③の通常の戦争犯罪を命令した人はB級、実行した人はC級と区別したんだよ。

A級では二十八人が起訴され、死刑が執行されたのは七人なんだ。裁判は二年半かかり、死刑が執行されたのが十二月二十三日、言うまでもなく今上天皇陛下、当時の皇太子殿下誕生日だが、連合国はわざわざそういう日を選んで死刑を執行するという汚ない仕業を積み重ねているんだよ。復讐の念が強いあまり、日本国民の気持ちに配慮する余裕さえもなかったんだね。大国がみっともない真似をしたもんだな。

またBC級戦犯では　五千六百四十四人のうち死刑が九百八十四人で、米英はじめとする七か国で法廷が開設されたのだよ。マレーの虎と恐れられた山下奉文中将は、昭和二十一年二月にフィリピンで絞首刑にされたが、アメリカの政治的社会的都合で急いで執行されたと言われているんだ。BC級戦犯の裁判は非公開で行なわれたので、余計に復讐を目的に戦勝国側が仕組んだ戦争犯罪が多かったことは容易に予想がつくだろう。しかも戦勝国は誰も戦争犯罪で裁かれていないのだから不当な裁判であることは明白だよな。

●戦犯釈放の国民運動

昭和二十七年十二月九日付の官報によると、時の社会党の古谷貞雄議員は、戦犯釈放決議において、

「敗戦国にのみ戦争犯罪の責任を追及するということは、正義の立場からも、基本的人権尊重の立場からも、断じて承服できない。世界の残虐の歴史の中で忘れることのできないのは、広島、長崎における原爆投下であって、それに比較すると問題にならぬような理由をもって戦犯を処分することは、断じてわが日本国民の承服しないところである」

と述べている。

翌昭和二十八年八月、自由党、改進党、社会党右派、左派による全会一致で、戦没者遺族等援護法が改正され、困窮を極めた戦犯遺族に対しても遺族年金、弔慰金が支給されることになった。

だが、昭和二十七年四月には、サンフランシスコ講和条約で日本が主権を回復した状態になったが、違法な東京裁判で起訴され拘留されたままの戦犯は釈放もされず、服役したままだったのだよ。

六月、サンフランシスコ講和条約発効後、また日本弁護士連合会が戦犯の赦免《しゃめん》勧告の意見書を政府に提出したのを皮切りに、日本健青会の末次一郎さんが中心になって全国一斉に「戦犯受刑者釈放運動」が一大国民運動として、署名運動も急速に広まり、合計四千万人の署名にのぼった。

そこで講和条約の第十一条に基づいて日本政府は関係各国の同意を得て、戦犯は全員釈放されたのだよ。

当時の国民は偉かった。東京裁判で連合国の復讐の犠牲になった人々を、同じ同胞として感ずる連帯感を持っていた。占領軍に押し付けられた戦犯に対する偏見など、今よりずっと少なかったことが分かる。

このような世論の後押しにより、社会党でさえも、戦犯否定の国会決議に主導的に賛同した当時の背景を、我々は、もう一度思い起こそうではないか。

佐藤和男著『世界が裁く東京裁判』によると、インド独立運動の指導者の一人ヘランボ・グプタ氏は昭和三十九年に、

「極東国際軍事裁判、即ち東京裁判は、二十一世紀に入れば必ず多くのアジアの国々によって見直されるであろう。そして第二回東京裁判が実現する。その頃はアジアも世界も良識を取り戻し、すべてが公正にして真理の法の前に平等に裁かれる。その時こそ東亜積年の侵略者である欧米列強の侵略者たちは、こぞって重刑に処せられ、かつて東京裁判で重罪を被った日本人、なかんずくA級戦犯の七柱は、一転して全アジアの救世主となり神として祀られる日が来るであろう」

と語っている。

●裁判の受諾と判決の受諾の違い

この条約十一条に「東京裁判の判決を受諾し」とある文言を「裁判を受諾し」と誤訳して

「日本は東京裁判を受諾したのだから裁判に拘束される」と解釈すると、即ち東京裁判が事後法で違法な勝者の復讐裁判に過ぎなくとも、日本は東京裁判を認めることになるんだ。

片や「判決を受諾し」ならば、戦犯に対する判決を受諾し刑を執行するだけだから、未来永劫、日本は連合国を不当な裁判を行なったことに対して、非難し続ける権利があるということなんだよ。

本来なら東京裁判自体を提訴して、連合国を裁判にかけるべきなんだ。昭和三十三年に講和条約に則った手続きを経て、戦犯が全員釈放されて以来、日本には戦犯は存在しないのだよ。だからA級戦犯の合祀だの何だのという議論なんてあり得ないのだよ。A級戦犯と呼ばれた岸信介氏が戦後、首相になり、萱屋興宜氏や重光葵氏も閣僚や国連大使にまでなっているのが、何よりの証拠じゃないか。いつまでもアメリカの洗脳に染まったままでいるのでは、あまりに情けないじゃないか。

●連合国の占領行政による後遺症

約七年間にわたった連合国による占領は、日本の伝統・歴史を破壊し、国民の自尊心を砕いた暴挙であったことを、日本国民は決して忘れてはいけないのだよ。平和条約が発効してから今年で七十年近くになるが、いまだに日本は完全には独立していないと感ずる国民は多いと思うよ。

第四章にあるように、たとえば横田基地のラプコン、米国による日本の政治社会への過度な干渉、圧力、そして沖縄の米軍基地、地位協定に見られる治外法権などなど、日本が国土防衛に関してあまりに米国依存が過ぎるために、国民の間に自主独立の気概が薄れてしまったことは大変危険な兆候なんだよ。

戦犯釈放運動に尽力された日本健青会の末次一郎先生は、昭和二十八年に沖縄の小、中、高校に「日の丸を贈る運動」を立ち上げて、たくさんの国旗が沖縄に届き、毎年少しずつ沖縄にも、日の丸の旗が掲げられるようになったという話は、君も聞いたことがあるだろう。祖国復帰を希求する沖縄の人たちは随分励まされたのだよ。ところが祖国復帰を喜ばない人たちもいたんだよ。

昭和四十七年の復帰の年が近づくにつれて、赤旗が日の丸に取って代わるようになったんだ。復帰後は日の丸の旗が学校でもほとんど見られなくなったんだ。そして復帰十五年後、沖縄の海邦国体会場で日本人なら敬うはずの日の丸の旗を焼くという事件が起きたんだ。

とても日本人とは思えない悲しい行為だな。

これも連合国軍の占領政策による後遺症だよ、戦後の荒廃した教育の犠牲者だな。

●侵略ではなかったというマッカーサーの証言

大東亜戦争は日本の侵略戦争だ、と近隣諸国や、反日日本人が日本を悪しざまに言う根拠になっているが、それを真っ向から否定した人がいるんだよ。誰あろう、違法な東京裁判をでっち上げ、日本の伝統文化を破壊し尽したマッカーサー将軍その人であるのだ。昭和二十六年五月三日、米国議会上院の軍事外交合同委員会の席上、

「日本の擁する労働力は量的にも質的にも、私がこれまでに接したいずれにも劣らぬ優秀なものです。（中略）日本は絹産業以外では固有の産物が何もない、綿、羊毛、石油、錫、ゴム、その他、実に多くの原料が欠如している。そしてそれら一切のものが、アジアの海域に存在していたのです。もしこれらの原料の供給を断ち切らたら一千万から一千二百万の失業者が発生することを彼らは恐れていました。したがって、彼らが戦争に飛び込んでいった動機は、大部分が安全保障上の必要に迫られてのことだったのです」

この証言こそ、「日本は侵略戦争をしたのではない」ということをマッカーサー自身が明言しているとは思わないかい。彼自身が朝鮮戦争に直面し、日本の置かれた地政学的意味合いに目覚めた結果だったんだよ。また昭和二十五年十月には元帥がトルーマン大統領とウェーキ島で会談した折、「東京裁判は誤りだった」と裁判所条例をつくった当人が、その誤りを認めているのだよ。

この一連のマッカーサー証言の持つ意味は大きいのだ。侵略戦争と無条件降伏という二重の誤った観念に取り付かれてきた多くの日本人の心の不快感を一掃するものなのだ。

●占領政策を引き摺ったままのマスコミ

この証言の事実は、どういう理由からかマスコミがほとんど取り上げもせず、一般国民に衆知させようという努力も見られないのは不思議なことだ。渡部昇一上智大学名誉教授が、以前から再三にわたり、幾つかの誌面にこの証言の重要性を発表されてきたが、ＮＨＫはじめ主要なメディアは取り上げようともしない。

また、月刊誌『致知』六月号に渡部先生が書いておられるが、高校の歴史教科書の監修をされた時、このマッカーサー証言を教科書に入れて欲しいと執筆者に注文し、コラム欄に掲載されたそうなんだ。ところが検定官は、このコラムを削除せねば検定は通せない、と結局外されたということだ。更に大使を務めた元外務官僚二人に聞いたところ、二人ともこのマッカーサー証言を読んだことがなかったというのだよ。外務省の幹部でさえ、このマッカーサー証言の重要性に気付いていないのだな。というより、マスコミのように日本にも、この証言の存在を認めたくない勢力が少なくないんだね。

欧米列強が過去五百年にわたって行なってきた非道な奴隷貿易や、植民地支配で繁栄を謳歌してきた事実を隠蔽するために、連合国は日本が侵略戦争をしたとことさら強調してきたことが、このマッカーサー証言によって完全に覆されたのだよ。

教育界、報道界、特に政治家は、この事実を声を大にして子々孫々に語り継ぎ、日本への不当な中傷を排除することこそ、現在の我々に課された使命なのだよ。
お前も、この事実をぜひ、声を大にして、友達や周りの人々に伝えて欲しいのだ。

●昨日の敵は今日の友

朝のラジオ放送の中で、七十年以上前の戦時中、オーストラリアのカウラという町で日豪軍が戦った結果、双方とも戦死者が出たという。犠牲になった日本人の将兵を現地の人々が、敵といえども、自国のために戦った英雄だとして、手厚く葬ったという話である。

日本軍の捕虜収容所での扱い方が、非道だとしていまだに日本人に敵対意識をむき出す現地民が存在する一方で、戦いが済んだら、お互いの立場を尊重し、かつての敵を追悼する態度は、人間だからこそ持ちえる崇高な精神の発露である。

大東亜戦争の末期、昭和二十年四月十二日、米国大統領ルーズベルトの訃報に接した鈴木貫太郎総理大臣は米国民に対して弔辞を送った。

「アメリカが敵国の我々に対して優勢であることは、ルーズベルト大統領の指導力が優れているからである。大統領の逝去は米国民にとって非常な損失であることに同情するものである。ここに私は深甚なる弔意を米国民に表明します」

と同盟通信の海外向け英語放送を通じて受け取った弔意に、米国民は驚いた（別冊正論33号黒鉄ヒロシより）。

日本人は古来より「昨日の敵は今日の友」というように、戦いが済んだ後は労い合う。戦いの最中であっても、川中島のように越後の上杉謙信が甲斐の武田信玄に「塩を送る」という故事にもなっている。

沖縄の糸満市郊外、摩文仁の丘にある平和の礎に眠る人々の中には、かつては敵であった連合軍の兵士たちもいる。近隣諸国よりも文化の異なる西洋の人々の方が、我々と同じ精神を共有しているのは、皮肉な現象である。大陸や朝鮮半島の人間のように、敵は墓の中まで暴くほど憎み続け、半世紀を越えた現在に至るまで、我らの祖国のために命を捧げた人々を追悼することにさえ異を唱える精神とは、まさに対極にある。まさに異文化である。

前述したように、靖国神社には、ペリー来航以来、日本が欧米先進国の脅威に晒され、近代国家に生まれ変わる激動の時代に国難に殉じた二百四十六万余の英霊がお祀りされている。大東亜戦争に関しては、いわゆるA級、B級、C級のいわれなき復讐戦犯裁判で処刑された人、特攻隊として散華した青年たち、戦死した日本兵将兵の軍人、指導者だけでなく、集団疎開途中の対馬丸で遭難した小学生、樺太で自決した電話交換手、ひめゆり部隊の女子学生、集団自決した沖縄の島民など、一般人、女性、子どもたちもご祭神として祀られている。

私たち戦後の日本人が享受している平和で豊かな生活は、これらの人々のかけがえのない一つ一つの命の積み重ねの上に成り立っている。靖国神社に祀られた戦後日本の礎となった人々に感謝と追悼の祈りを捧げることは、今の時代に生きる日本人の義務であり、思想を超え、時代を超え、国境を越えた正義である。

●首相の靖国参拝裁判——法では裁けない道義の世界

平成十八年九月二十九日には、東京高裁で首相の靖国参拝は私的行為との判決が出たのに対して、翌三十日の大阪高裁では、小泉首相の靖国神社参拝は公的とし、「憲法の禁止する宗教的活動に当たる」として違憲との判決を下した。

この司法裁判は二重に間違いを犯している。靖国の英霊は国のために命を捧げた人々であるが故に、国が公式に参拝するのが当然である。また、後述するように首相が神社に参拝する行為は、憲法第二十条の禁ずる「宗教的活動」には当たらない。条文をよく読めば理解できることである。司法もいまだに占領下にあるとは情けない。

例によって首相の参拝が、公的か、私的かなどの次元の低い質問にはまたかと、うんざりするが、もっと肝心なことは、首相の靖国神社参拝が是か非かなどと、司法の手に判断を委ねること自体が、間違っている、という視点が欠落していることである。

だから、小泉首相が「職務として参拝していない、どうして憲法違反なのか理解に苦しむ」というが、日本の総理大臣が総理としての立場で正々堂々と、靖国神社の英霊に感謝と哀悼の誠を捧げるのは当然のことである　誰に遠慮がいるもんか。

これは、法律上の問題ではなくて、道義上の問題である。だから、憲法を持ち出して、合憲か違憲かなどと論ずること自体、誤りである。

日本人は、いつからこういう基本的なことを、混同するようになったのであろうか。戦後は、自由と放縦《ほうじゅう》、平等と馴れ合い、区別と差別などなど、多くの日本語を混同した結果、教育界にも混乱をきたしてきた。

●内村鑑三と山岡鉄舟

内村鑑三はその著『代表的日本人』の中で、

「民主主義というのは、心より法律を頼り、それに伴って人情の欠如した利己主義的な権利の主張だけが増えて、道徳観の薄れた国家になるであろう」

と民主主義国家の欠陥を予言している。法律万能の米国と現在の日本を見れば、氏の予言の正しさが分かるだろう。

明治天皇の御信頼の厚かった侍従であり、明治維新の立役者の一人、剣豪の山岡鉄舟は、その『山岡鉄舟の武士道』の中で、

「法律なるものは、人間霊性の道義の観念にまで、力の及ぶものではない。(中略) 忠孝・節義・慈愛等の観念は、もとこれは人類高等の霊性から発する理想にして、道義の発動である。これらの道義にいたっては、区々なる人為的法律の規律しうるものではない」

と喝破している。

一国の首相が国のために殉じた人々を慰霊する崇高な道義の発露としての靖国神社参拝という行為を、司法にその是非を仰ぐような不見識はもっての外であり、ましてや、それを政治・外交の世界で政争の具にするなどは、よもや言語道断である。

●ジャワ沖海戦の工藤少佐

日露戦争においては、日本軍の将兵が敵に対してとった人道的な行為の例は、枚挙に暇がないほどである。

それだけ武士道の精神が軍人の間にまだ色濃く残っていた。が、先の大戦では、ほとんど聞かれなかったが、九月十一日付、産経新聞紙上に掲載された駆逐艦「雷《いかづち》」の艦長の工藤俊作少佐の敵兵救助の記事を読んで、救われた気分になった人は少なくないだろう。

こういう戦時中の話をすると、すぐに、戦争を美化する、という定型平和主義の常套句を連発する徒輩がいる。

人生を見なさい。雨の日もあれば、晴れの日があり、嵐があれば雪の日もある。戦争の日々も、平和でのんびりとした日々も、人生の一ページに過ぎないのだ。大事なことは、今、現在起こっていることに、誠意を込めて、精一杯対処することである。それでも戦争になったら、精一杯戦う、そういう意志さえなくて、平和が保たれると思うこと自体、間違っている。

駆逐艦「雷」の話に戻ろう。

昭和十七年三月といえば、前年の十二月八日の真珠湾攻撃以来、日本が連戦連勝の後、マレー半島を南下し、シンガポールを占領した破竹の勢いの時である。ところは、ジャワ沖海戦で英国海軍の駆逐艦二隻が、日本海軍に撃沈され、乗組員四百六十名が海上に漂流を続けていた。前日には同じ海域で日本の輸送船が敵潜水艦の攻撃で沈没していた。

そういう状況下で、自らの危険を顧みず、漂流する敵兵の救助活動に当たった。味方の兵員数に倍する敵兵を収容した艦上で、救助された英国将兵に言った工藤少佐の言やよし。「貴官は勇敢に戦われた。今や日本海軍のゲストである」と。平時の厳しい訓練と修養があればこそ、こういう場面で自然に言えるのであろう。

これは、那覇在住の恵隆之介氏（元海上自衛隊二尉）が日英の関係者への取材から構成された記事である。

これに対し、昭和十九年八月、日本の敗戦色濃い時期に、沖縄から疎開児童を乗せた対馬丸が撃沈された。米国潜水艦ボーフィン号は、対馬丸とそれを囲む船団に魚雷を発射しながら離脱し、浮上しつつ数発を発射したという。民間の船団、それも児童多数の乗船する船を撃沈し、一人の救助もなし得なかった軍隊は、やはり、無防備な全国の都市を爆撃し、広島、長崎の無辜の民衆を虐殺したと同じ軍隊である。

この二つの例を比較するだけで、その当時の、両国軍の人間性の品格の差が、歴然としているではないか。

●靖国を護る、即ち日本を護る

靖国神社には戦犯が合祀されているから参拝はいけない、という人に聞きたい。戦犯とは誰が決めたのか。戦勝国に戦犯はいなかったのか。事実は、日本は国際法に違反するようなことは、一切しなかった。前述した戦犯釈放運動後、東京裁判での結果、A級戦犯と呼ばれ死刑に処せられた七名や、BC級裁判で海外で処刑された人々も国内法では犯罪者ではなく法務死として扱われ、遺族も遺族救援法の対象にされた。

また、A級戦犯とされた二十八名の内、後に総理大臣になった岸信介や国連大使になった重光葵氏などを見ても、東京裁判で戦犯に指定された人々は戦勝国に復讐された犠牲者であり、日本人として立派な人たちが多い。

それに対して広島・長崎の原爆、日本の主要都市への絨毯爆撃による非戦闘員の虐殺、日ソ不可侵条約の一方的破棄、シベリアでの捕虜強制労働などなど、米国、ソ連による国際法違反の戦争犯罪は枚挙に暇がない（第十一章「旧連合国の戦争犯罪と国際法違反を告発する」参照）。彼らこそ、戦犯法廷に引き摺り出されて、公正な審判を下されねばならない立場なのだ。そう考えれば、マッカーサーの私的な裁判所条例に基づく東京裁判は戦勝国が、一方的に敗戦国日本を裁く集団リンチに過ぎないことが明らかである。

昭和五十四年以降、米、英、独、仏、露、伊の西洋諸国はじめ、旧敵国も含めて三十数か国の政府代表者が靖国神社に参拝している。事あるごとに靖国を政治問題に利用しているのは中・韓両国だけである。

靖国神社は日本人の心の問題である。彼らが文句をつけられない日本人の聖域である。更に戦犯の処遇に触れたサンフランシスコ平和条約に、当時のソ連、中華人民共和国、中華民国台湾、韓国などは署名していないのである。その第二十五条に明記されているように、日本は署名した四十八か国以外の国から一切、文句を言われる筋合いはないのである。

即ち、韓国も中国も戦犯に関しては、文句を言う筋合いも資格もまったくないのである。中共に至っては、東京裁判が終わり、A級戦犯といわれた七人の処刑がすんだ翌年に建国したのであって、存在すらしていなかったのだ。

一九四四年六月の連合軍のノルマンディー上陸作戦で戦死した兵士を祀る米軍墓地の情景が、曽野綾子氏の『陸影を見ず』に描かれている。フランスのダンケルクの海岸にあるその墓地には、雑草一つない芝生、真新しい白い墓石、そして午後五時になるとハンドベルの合奏で、米国の国歌が流れる。祖国から遠く離れた地で、半世紀以上を経た後も、国が手厚く戦士たちを弔っている。「これが国家というものでしょうね」と登場人物に言わせている。

片や我が国では、靖国の代替施設としての追悼施設を建設する案がいまだに存在し、民主党政権当時はこれを推進しようとしていた。

事は完全な日本の内政問題である。命を国のために捧げた人々を国家が顕彰するという、国として最低限根源的な行為をないがしろにした発想である。なぜなら、彼らは、靖国で会おうと誓って散華していったからである。

自然塾の小野田寛郎氏が、共に戦って散華した戦友たちの想いを代弁して語るに、「戦場にいる間、死んだら神になって靖国に祀られると思えばこそ、戦えた。国が靖国を護持しないことでも背信行為であるのに、追悼施設を別につくったら、裏切りであり英霊はこれを敵国として断罪するだろう」と。

英霊の、この崇高な気高い志に基づいた生きざまに対して、後世の我々は何をもって報いることができるだろうか。靖国は外交でも政治でもなく、宗教でもない。れっきとした日本人の心の問題である。

国のために命を捧げた人々に国家として最大限の追悼の意をささげることを、誰に憚ることがあろうか。

昭和五十年十一月の昭和天皇の御親拝以降、平成の御世にあっても天皇陛下による御親拝がなされなかった。平成の御世が代わる前にぜひとも今上陛下に靖国神社御親拝を戴くことが、占領下体制からの脱却の始まりを国内外に表明することになります。言うまでもなくその前には、安倍総理大臣が堂々と公式に靖国神社参拝を敢行して御行幸啓への道筋をつけることが必須です。

第四章　占領下法制の今

●志を持て

トランプ大統領が就任する前から、氏の言動に一喜一憂している日本の政治家やマスコミの付和雷同に憤慨するものである。

野党が国会で安倍総理を批判するのに、七か国の国民の入国禁止の大統領令に対して、西洋諸国首脳が抗議声明を出したが、日本はなぜ抗議しないか、というのである。大統領令に抗議しないのは米国に追随することだ、と言いながら西洋諸国に同調して米国に抗議すれば、それは西洋諸国に追随することではないか。いつもながら野党の批判は場当たり的で、事の本質を見ていない。

日本と欧米諸国とでは難民に対する国策がまったく異なる中で、他国の出入国管理の内政に対する姿勢は、当然ながら同じであるはずがない。

ある雑誌上で、山本一力氏と西部邁氏の対談があった。その中で西部氏が実の母親と奥さんの母親とが、「日本の男たちは一度戦争に負けたぐらいで腰抜かして占領軍に擦り寄って情けない」と話していた、という。

山本氏は先輩に「男は喉から手が出るほど欲しいものでも、いらないと我慢して拒絶せねばならない局面が人生にはある」と言われたことを紹介した。

この二つの話に共通する精神は「やせ我慢」の大切さである。それは武士道なり日本人の骨格の一部になってきたことは歴史が証明している。

にもかかわらず、たかが一度の敗戦で、自分たちが正しいと信じて戦った戦争を、間違っていたと一億総懺悔などとは何事か、屈辱に耐えて今に見ていろと、俺たちのやってきたことは正しかったんだ、となぜ胸を張って言わないのか。局地的あるいは局部的に過誤を犯したこともあった。それは謙虚に反省しても、日本が国を挙げて戦った目的は正しかった。その点だけは決して譲ってはならない。

トランプ氏の真意を探して日本中が、全メディアが右往左往している現状は、客観的に見て情けないし、まことに見苦しい。

日本は日本の道を行く。クリントンだろうがトランプだろうが日本が目指す道は変わらない。日本国軍を創設し、米軍基地を撤去させ、自国は自国が守る自立国家にすることである。そのための過渡期として現在は日米同盟を堅持しなければならないが、目指す方向は変わらない。

米国が尖閣諸島は日米同盟の適用範囲だと確約したといって安堵しているようでは情けな

い。同盟関係に関係なく日本は自分で守る気概を持て！

●恥を忘れた日本人

最近多くの人が漠然と感じていること、それが「日本人は恥ということを忘れてしまったのではないか」ということである。

野党党首が国会で「国民の間にはまだ憲法を改正しようという気運が熟していない、総理だけが憲法改正の声をあげている」という内容の質問をした。憲法改正は国家の根本に関わる問題である。国民個人の問題ではない。

日本国憲法を変えねばならぬと思えば、国会議員自らが全国に遊説し、国民を説得するのが国民の選良であるはずの議員の務めではないのか。

国民から要望がないと議員は動けないとは情けない話である。

「恥を知れ！　議員たちよ」

今の憲法は改正する必要がないと野党は言っているのである。また野党側は様々な理由を設けて憲法審査会への出席を拒み、故意に憲法論議を廃案にしようと実に姑息で、恥知らずな行為である。

日本国が主権を剥奪された中で、実質的に占領軍によって主導された「日本国憲法」には正統性がない。日本が主権国家である状態で憲法をつくらないと、正統性のある憲法には成り得ない。

正統性がない憲法を日本は戦後七十年以上も持ち続けてきた、そのこと自体が世界に対して「恥」である。

それを恥と思わずに、その正統性のない憲法を改正しようという、それこそ「恥の上塗り」ではないのか。

七十年以上も前の占領下の法制が今も生き長らえている現状を見よう。

●日本の国柄なき現憲法

敗戦後、吉田茂が外務大臣に就任すると、白洲次郎氏は終戦連絡中央事務局次長に就任し、占領軍相手の活躍をし、憲法作成の過程に深く関わっていた。周知のようにこの憲法は白洲が言うように押し付けられた憲法であったため、英語を日本語に翻訳した文章である。

白洲によると、「この憲法を平和憲法などといってありがたがっている連中は、おそらくこの憲法の出生由来を知らないのではないだろうか。占領中、こういう政治問題を取り扱うGHQのある部局の幹部は、この憲法草案がいかにしてできたかということを自慢たっぷりに話すほど不謹慎であった。また、その部局のオエラ方の夫人は、当時休暇で日本にいた大学在学中の惣領息子が草案の一章か一項を書いたのだと親ばか流に広言していたということをGHQの高官が嘆かわしげに私に話したのを覚えている。」と。また、白洲次郎は「今に見ていろ、と悔し涙を流す」とこの憲法の成り立ちの不純さを手記に記している。
こういう事実を知ってもまだ、恥も外聞もなくこの憲法を守るのか？

●歴史と伝統を否定した憲法

更にそれ以上に重大なことは、「この憲法が日本の誇りある歴史と伝統を否定している」ことであり、戦前の日本から切り離して新しい日本を創る、という発想なのである。いわば、日本の国柄を占領軍の思いのままに変えようと意図した憲法であることだ。

まず、憲法前文の前半にある「政府の行為によって再び戦争の惨禍が起こることのないように決意し、この憲法を制定し云々」の記述のように、各所で日本の歴史事実を否定している。

八木秀次氏が指摘している次のような事実は、まことに興味深い。

現憲法の基底には、日本の歴史・伝統が否定された上、ジョン・ロックの社会契約説、米国の独立宣言、そしてソ連のスターリン憲法の思想が流れている。

憲法前文の「そもそも国政は、国民の厳粛な信託によるものであって、その権威は国民に由来し、その権力は国民の代表者がこれを行使し、その福利は国民がこれを享受する。これは人類普遍の原理であり、この憲法はかかる原理に基づくものである」この部分こそ、英国中世の思想家ジョン・ロックの社会契約説から取ったものであると言う。

では、アメリカ独立宣言を見てみよう。

「我々は、自明の真理として、全ての人は平等につくられ、造物主によって一定の奪いがたい天賦の権利を付与され、その中に生命、自由および幸福の追求の含まれることを信ずる。また、これらの権利を確保するために人類の間に政府が組織されたこと、そしてその正当な権力は被治者の同意に由来するものであることを信ずる」

更に平成十四年の中央教育審議会の中間報告にも類似した表現が窺える。

このように日本国憲法、政府の諮問機関の意見書などの骨格は、欧米の思想の塗りかえに過ぎず、日本的なものが意識的に除かれていることがわかる。

これが現在の日本がいまだに占領下体制を引き摺っている証に他ならない。まさに、日本人は恥知らずになってしまい、その上、日本人としての誇りと自覚をも失くしてしまった。

その証拠を見よ！

連合国総司令部（ＧＨＱ）が日本政府に課した数々の占領政策がいまだに日本の社会を支配しているではないか。

●日本の国内法が適用されない米軍

例えば、日本の空はいまだに米軍に占領されている。日本の首都、東京の上空をはじめ、首都圏の一都八県、新潟、長野、静岡県までを含む広大な空域も、上空の二五〇〇〜七〇〇〇メートルの空域は、横田基地の駐留米軍司令部が管理しており、日本の主権が侵害されている。首都に米軍基地があるのは、日本だけだと言われている。いわば、制空権を米軍に握られているのだ。

民間機はその空域を通過できないために、皆さんもよく経験されているように、離発着時には急角度から房総を使わなければならない。石原慎太郎さんが都知事の時に、この横田ラプコンの返還に努力されたが、ごく一部を除いては、かなわなかった。

また、沖縄では本土復帰以後も、沖縄上空は米軍が航空管制権をもっており、上空の主権を米軍が握っている。

英語では、Radar APProach CONtrolと書き、略してラプコン、と呼んで嘉手納米軍飛行場が管制権を持っており、嘉手納ラプコンと呼んでいた。平成二十二年に、ようやく日本にこの管制権が返還されたが、嘉手納基地の米軍が管理しているので、実質的には以前と変わらないようだ。

これは、ほんの一例であるが、こういう状態では、日本が独立した主権国家であるとは到底言えない。

日本の空を取り戻そう！

●安保条約も地位協定も不平等条約

米軍関係者には、出入国管理法が適用されず、彼らは自由に横田基地から出入りしている。日本国内でありながら、国内法が適用されない例が少なくない。同じ敗戦国のドイツやイタリアの米軍基地と比較したら、歴然としている。

それはなぜなのか、それは、日本国憲法の第九条、第二項の存在こそが、対等な安全保障条約、対等な地位協定を結ぶことができない原因である、と私は考えている。

例えば、米軍基地に伴う地位協定、この日本にとって不平等な地位協定の内容は、主権国家としては、恥ずかしいほど、国民の権利が守られていない。

例を挙げれば、一九九五年、三人の米兵による少女暴行事件や、二〇〇四年の沖縄国際大学での米軍ヘリ墜落事件でも、米軍基地外での事件でも米軍に領事裁判権があり、基地の返還時の原状復帰の義務さえ米軍にない、という不平等な片務協定である。

この地位協定を日米対等な協定にするためには、まず、日米安保条約を双務条約にして対等にする必要があり、そのためには、まず日本の憲法の安全保障条項を米国と対等にする必要がある。

一九五一年にサンフランシスコ平和条約と同時に締結された旧安保条約は日本が米軍の駐留を希望するという形の、いわば保護条約であり、片務条約であった。一九六〇年に安保条約が改定され相互協力と共同防衛が盛り込まれ、一見、双務条約になったが、日本国憲法の第九条の武力行使に制限がある以上、実質的には、いまだに片務条約であるのだ。

分かりやすく言うと、米国側に立てば、日米安保条約上、米国は日本を守る義務があるが、日本は米国を守る義務がない、というか、憲法上守れない、という米国にとっては不平等な条約である。

米軍にとって安全保障上、不平等なだけに、その分、日本は米軍を優遇せざるを得ないのだ。国内法も適用できない部分が多く、思いやり予算の提供などもそのせいだろう。これは、米軍側の立場に立って考えれば、当然の要求だろう。

日本と米国が安全保障上、対等な立場であるためには、少なくとも日本は集団的自衛権を持たなければならない。筋としては、それが正しいのではないだろうか。

戦後七十余年間、ＧＨＱの占領政策、特にこの九条の二項が日本を国際的に翻弄してきたために、政治的にも経済的にもその損害の大きさは計り知れない。

自衛権の「有る、無し」で、その都度、内閣法制局の解釈に翻弄されて、いい加減な、そして不毛な議論に終始した国会が空費した経済的損失は、数値に換算したら莫大なものになったに違いない。

集団的自衛権さえ持たない日本側が、地位協定だけを日米対等な内容にせよ、と主張するのは、虫が良すぎる話だと言える。

同盟国として他国と安全保障上の対等な協定を結ぶためには、相互に対等な憲法を持つことが、前提になるのは当然のことである。

後述の第七章「大日本国憲法と日本国憲法」に記すように、日米安保条約の前文には、「国連憲章に定めてあるように、日米両国は個別及び集団的自衛の固有の権利を有することを確認し」と明記している。

しかし、歴代政権は、これを「集団的自衛権を有するが使えない」などと意味不明のことを言ってごまかし続けてきて、既に半世紀以上が経ってしまったわけである。これは明らかに政治の怠慢そのものだ。

国会で集団的自衛権の審議で揉めてきたが、他国と対等に渡り合うためには集団的自衛権など、当たり前のことだ。

後段でも触れるが、中国の軍備拡張など現在の国際情勢に対処するためには、早急に、この憲法の第九条の二項を改正しなければならない。

●その他の占領政策

昭和二十年八月十五日、大東亜戦争の敗戦を受諾する天皇陛下の玉音放送があった。

その八月の二十九日、マッカーサーが厚木の飛行場に降り立ち、九月二日は戦艦ミズーリ上で降伏文書の調印後、九月十九日、「日本新聞編集綱領」(いわゆるプレスコード)を発令し、三十項目にわたる禁止命令が出された。

二十二日には「日本放送編集綱領」を発令し、日本のマスコミを司令部の統制下に置く。

十一月十八日には「皇室財産の凍結の覚書」を発令し、十二月八日の真珠湾攻撃の日に合わせて「真相箱」という名の国民洗脳放送をラジオから流し始める。

この放送では、日清日露の戦争も日本が侵略戦争をしたのだ、と日本国民に日本が悪い国だと洗脳工作をした。

十二月十五日には神道指令、三十一日には、学校での修身、地理、日本歴史の授業の禁止命令を出した。

この神道指令の中でGHQは「大東亜戦争」と「八紘一宇」という語句を公用文で使用することを禁止した。

なぜか？

「大東亜」とはアジア地域全体を指し、ご存じのように、当時はこの地域の大部分が西洋諸国の植民地になっていた。日本の明治維新で西郷隆盛の「敬天愛人」の遺志を引き継いだ頭山満先生や副島種臣先生たちが、西南戦争後に玄洋社などの組織を立ち上げて、アジア諸国を植民地から解放するための活動を始めた。

朝鮮、中国をはじめ、東南アジア、インドなど各国から、独立を目指す志士たちが日本にやってきて、興亜陣営の人々の援助を受けたのだ。

そういう流れが第二次大戦まで続き、日本は敗戦したが、多くの西洋諸国の植民地だった国々は、独立を勝ち取った。

「大東亜戦争」と、あの戦争を呼ぶことは、大東亜の国々を植民地から解放した日本の戦争であった、という意味であるから、連合国にとっては、自らの過ちを認めることになる。

また、昭和十八年十一月に東京で開催された国際会議での「大東亜共同宣言」は、連合国が日本の傀儡国家の会議だ、と非難するのとは対照的に、今まさに独立を勝ち取ろうとする国々の日本に対する大きな期待を表したものであった。

インド国民政府のチャンドラ・ボースやビルマの首相バー・モウなどが披露した会議での感動的な演説がそれを示している（第五章「アジアの中の日本」参照）。

また、「八紘一宇」という言葉は、昭和十年代の満州事変の後から使われるようになったようで、元の意味は、神武天皇が建国の詔《みことのり》で使われた語句で、「世界中の人々が、一つ屋根の下に集う」という世界平和を意味したものだった。

それをGHQは、「天皇が神道を布教して世界を征服する意味だ」と歪曲して禁止用語にしたのである。あの東京裁判でさえ、「八紘一宇」という語句が侵略戦争を意味する言葉ではない、と判決したにも関わらず、神道指令はこじつけたのだ（第十章「国語を軽視した近代日本」）。

ついでに、「国家神道」という言葉は、神道指令で使われて以後、戦後、頻繁に左翼に使われるようになったが、それ以前には、ほとんど使われていなかったようだ。というのも、国家神道という語が意味する、国家が国民に神道を強制して異教徒を排除し、侵略戦争に使った、という歴史的事実は存在しなかったのだから。

ＧＨＱは、このようにして日本国民を思いのままに情報操作できる体制をつくったのだ（第八章「日本人の信仰と国家神道」参照）。

一方において、東京裁判や各国でのＢＣ級戦争犯罪人の裁判が始まった。

今まで述べたような、「占領軍の日本政府に対する覚書」は、いわゆる日本政府への命令であり、その命令は占領期間中だけ有効だが、その後は効力を失うことになるため、占領軍は、それらの命令を恒久的に有効にするためにしたことが、日本国憲法の中に、または新皇室典範の中にそれらを盛り込むことをした。

たとえば、日本国憲法第一章第一条には、

「天皇は日本国の象徴であり……、この地位は、主権の存する日本国民の総意に基づく」というものがある。

この文章の末尾の「日本国民の総意に基づく」の一節は、ソ連が挿入するように要求した、と言われている。ソ連はコミンテルンを通じて日本共産党に「天皇制打倒」を指示していたので、主権の存する国民の意志によって、将来、君主制が崩壊するのを企んでいた、ということである。

憲法の原文の英語文では、「国民の総意」が原文の英語では「the will of the people」となっているだけなので、「国民の意志」と解釈することもできるわけだ。

それを「総意」と訳した人は、「現在の生存している国民だけではなく、過去、そして未来にわたるすべての国民の意志」という意味で「総意」という言葉が使われたと解釈されている。しかし、原文の英語文の意図したところは、実際どうであったかはわからない。

●神道指令がいまだに生きている証《あかし》

その他にも、いまだに占領政策が尾を引いている、ごく身近な例は、靖国神社へ参拝する閣僚に、報道陣が問いただす、あの「公的参拝か、私的参拝か」と聞くと、ほぼ全員が「私的参拝だ」と答える、不思議な光景だ。

「神様に参拝するのに、公的も私的もあるものか」と質問した記者を一喝したのは、石原慎太郎さんだけだ。

神道指令という昭和二十年十二月十五日に発令された「GHQの日本政府に対する覚書」の第一章十三条に、

「公務員は公的資格において……、いかなる神社も参拝しない」ことを命令している。ということは、靖国神社に参拝する国会議員も、神道指令のこの命令をいまだに遵守していることを意味している。

「公的か、私的か」と記者に問われて「公的だ」と答えれば、記者は鬼の首を取ったように、政教分離の原則に反する、という記事を書く、実に姑息で嫌悪感を催す段取りになっている。それはすべて、靖国神社に参拝する公人が正々堂々と「靖国神社に参拝するのは公務であり、公費を支出して国のために散華した英霊を顕彰するために参拝するのだ」と記者に言えない卑屈さがもたらした結果なのだ。

そんな及び腰で靖国神社を参拝しても英霊が喜ばれるはずはない。英霊はすべてを見透かしておられるはずだ。

だから、恥を知れ！　日本人よ！　日本人の心を取り戻せ！

日本人なら、堂々と誰にも文句を言わせないと、参拝すればいいのだ。

戦後七十余年を経て、このように、いまだに七十年以上も前に占領軍が出した神道指令が日本人を拘束しているわけである。

公的か私的かと聞く方も聞く方だが、靖国神社に参拝もできない政治家がほとんどで、それ自体が神道指令がいまだに政治家の意識を縛っている証拠である。

国政に携わる政治家は、特に靖国神社に堂々と参拝して欲しいものだ。

ここで、なぜこの問題が今に至るまで続いているのか、振り返ってみよう。

昭和五十一年十月、三木武夫首相（当時）は三度目となる靖国神社参拝をされた。その際、記者団に「いかなる資格で参拝するのか」と問われた三木首相は「渋谷区の住人、三木武夫として参拝する」即ち、「私的参拝」と答えた。

これが現在まで続く「私的参拝」の走りであったようである。当時の神社の松平宮司は「三木は卑しい人間だ」と述べたと伝えられる。

靖国の英霊は国のために命を捧げた人々であればこそ、国が公的立場から参拝して初めて礼を尽くしたと言えるのであって、こそこそと私的に参拝されても英霊に対して失礼だ、と松平宮司は伝えたかったに違いない。

また今までは、中国の親しい要人に配慮して靖国神社の公式参拝を止めたというのが通説であったが、昭和六十年八月十五日に「公式参拝」した中曽根康弘首相は「手水は使わず、祓いは受けず、正式の二礼二拍手一礼をせず、一礼のみに留める、玉串を捧げず」という無礼千万な不作法で公式参拝を敢行し、松平宮司にそんな参拝などあり得ぬと拒否された一幕もあった（正論増刊号「英霊と天皇ご親拝」黒鉄ヒロシ氏記事より）。

松平宮司が正しい。そんな神社に対して礼を失した作法で参拝されても、英霊たちはお怒りになるだけだろう。

歴代総理大臣に対して、まことに残念且つ失礼とは思うが、国政を統率する人間として、まことに不甲斐なく、情けない行為である。中曽根首相は海軍の主計大尉の軍歴があり、行政改革で実績は評価されているだけに、肝心なところで晩節を汚してしまい、まことに残念である。

まず第一に、靖国神社に鎮座します英霊の大半は日本国のために命を捧げた人々である。そういう尊い人々に対して、国家が感謝し顕彰するのは世界中どこの国でも当然のことである。従って、正々堂々と国費を費やして公的に参拝することが内閣総理大臣としての責務でもある。

当時は米国が日本の頭越しに中国と国交を回復し、日本も中国と国交正常化交渉に踏み出した時期であった。

もう一点は「政教分離」に関して、憲法第二十条の国が宗教的活動を禁じているのは「特定の宗教への布教及び勧誘行為」のことであり、その前項にある「宗教上の行為、祝典、儀式又は行事に参加する」ことを禁じてはいないのである。その点を多くの政治家は曲解している。

三木首相以来四十年以上過ぎた現在でさえも、靖国神社参拝の折、記者団が「公的か、私的か」を問われた国会議員が「私的だ」と答える光景が今も続いている。

●中国の覇権主義

当時の石原慎太郎東京都知事が尖閣諸島を東京都が買い上げる意向を示したことで、尖閣諸島の国有化が一気に進んだ。

しかし海上保安庁の巡視船に体当たりをしてきた中国船の船長に対しての、民主党政権の時の失態以来、中国が頻繁に日本の領海侵犯をして既成事実を積み重ねる嫌がらせを繰り返してしているが、それに対して日本政府は何もできず、ただ警告するだけに留まっている。

数年前、小笠原諸島近海に中国漁船が二百隻以上も押し寄せて、サンゴの密漁をした時も、海上自衛隊は何もできなかった。これでは、中国をますます付け上がらせるだけである。最近、余計に目立ってきた中国寄りの那覇市政や沖縄県政には、多くの人が危機感をもっているのだ。

中国は、かつて中国の王朝に朝貢していた国々は、潜在的に中国の領土だとしている。かつての琉球王国がその対象になることになる。そもそも中国は国境という概念がなく、自分が住むところが即、中国だという発想があるようだ。そういう中国に対して、現在の沖縄県政のような親中政策をとることは、非常に危険であることは、誰の目にも明らかだ。

一九九〇年代の始めから今までの間に中国の国防費は三十倍以上に増え続けている。現在では毎年、日本国防費の国家予算の三倍以上の国防費を計上している。

報道でも知られるように、海洋進出も活発化している。

中国では二〇一〇年に国防動員法が成立した。この法律は、有事の際には、世界中の中国人が動員されること、そして中国駐在の外国企業が中国政府に没収されることが現実になるのである。

先日しばらくぶりに東京に出た時に、街中を歩く外国人の多いのと、中でも中国人が多いのが印象的だった。そんな時、突如、尖閣諸島が攻撃されるような事態が発生したら、中国駐在の日本企業が没収され徴用され、日本で働く中国人や、また観光客として日本滞在中の中国人が、即刻、中国人民軍兵士として動員され、日本人に対して敵対行動に移ることができるのだ。

更に研修などで日本に滞在する中国人は、派遣前に軍事教練を受けさせることになっている。日本滞在中、有事の際はそんな中国人が人民軍兵士に変身し、日本国内で日本人を攻撃することになるわけである。

筆者のように日本軍兵士のような風貌の日本人は、まず最初に彼らの標的になるだろう。

そんな事態が突発したら、日本政府は何ができるのだろうか。

以前の北京オリンピックの時の、長野での聖火リレーを思い起こしてみればわかるだろう。沿道で危険行為を繰り返す中国人に対して、日本の警察は何もできなかった。あの時は有事という状態ではなく、平時、平常の事態で、しかも国防動員法が成立する以前の出来事である。そんな「動員法」まで既に中国は持っているのだ。有事の時を考えてみれば、この法律の脅威がわかろうというものだ。

●魂を失くした平和ボケ

ところで、二〇一七年に亡くなられた上智大学名誉教授の渡部昇一先生が、ある雑誌の最近号で「日本が今置かれている状況は、第一次大戦後に、ヒットラーが台頭してきて、独裁的にドイツの軍備増強に邁進していた、第二次大戦前のフランス、イギリスの状況に酷似している」と書かれていた。中国をヒットラーにたとえ、周辺諸国は警戒もしないから、あっという間に中国に呑み込まれる、と警告されていた。

皆さんは三島由紀夫というノーベル賞候補になった有名な作家をご存じだろう。三島さんが、一九七〇（昭和四十五）年、十一月二十五日に、東京市ヶ谷の防衛庁（当時）本部で長官を人質にして、自衛隊員に檄を飛ばした。

長官室で割腹自殺する前、その檄文の中で、

「国の根本問題である防衛が、ご都合主義の法的解釈によってごまかされ、軍の名を用いない軍隊として日本人の魂の腐敗、道義の退廃の根本原因をなしてきた。最も名誉を重んずべき国軍が、最も悪質な欺瞞のもとに放置されてきた」

として、集まった自衛官に決起を呼びかけたのである。

あれから、すでに五十年近くも経った。三島さんの命を懸けた愛国の思いに、日本は何も答えてこなかった。戦争に負けて平和になり、七十年以上の間の平和を得た代償に、日本人は大きなものを失った。

それは日本人の魂だ。

外国の軍隊に守られて平和を保ってきた戦後七十余年を、悔しいとも、恥ずかしいとも思

わないほど、日本人は自分の国は自分で守る、そういう独立国としての気概を失ってしまった。

その結果、戦後の日本人が得たものは、平和ボケであり、日本人は「日本人の誇りと恥じを知る精神」を失ってしまったのだ。

それを取り戻すためには、一日も早く、我々日本人の手による、新しい日本国憲法と皇室典範を作り直す必要があるのだ。

第五章　アジアの中の日本

●植民地争奪の戦い

戦後七十年以上経つ今の世になっても、いまだに日本が中国・朝鮮を侵略した、と思い込む日本人が多い。日本が領土的野心をもって大陸に侵攻したという、四百数十年前の豊臣秀吉の朝鮮征伐と同じ感覚でいるのである。

話はそんな簡単な、単純なものではないことは、少し歴史を紐解いてみれば明らかになる。秀吉の文禄・慶長の役から約二百五十年後の十九世紀の半ばからの三十年の間に、前述したように中国、日本、朝鮮が次々と西洋諸国に鎖国を破られ開国した。

東アジアのこの三つの地域は、十五世紀のスペイン・ポルトガルに始まった西洋列強と呼ばれる国々による領土略奪競争、すなわち植民地化の対象となった、地球上に残された最後の地域であった。

十六世紀の秀吉の時代と、十九世紀から二十世紀にかけての東アジア情勢の決定的な違いは西洋諸国、米国、ロシアがこの地域に利権を求めて進出してきたことである。

特に中国大陸には陸続きのロシア、そのロシアと覇権を争うドイツ、ドイツと敵対関係にある英仏両国と米国、さらに新興近代国家の日本、これら四つのブロックが中国大陸の利権をめぐっての戦いになったのである。ことに第一次大戦が終わる前年にロシア革命が起き、ソ連共産党が設立されて以降、中国国民党内、米国国務省や財務省内、そして日本政府内にもソ連共産党のスパイや工作員が網の目のように潜入していったのである。

最後のフロンテイアとして中国大陸を狙ったのは米国ばかりでなく、英国、フランス、ロシア、そしてドイツもそうであった。そして日本も近代化を成し遂げロシアに日露戦争で勝って以降は、満州に権益を得て西洋諸国の仲間入りをした。

●スターリンの謀略

第一次大戦中の一九一七年にロシア革命によりロマノフ王朝が滅亡し、世界で初めての共産主義国家ソヴィエト連邦が成立した。ソ連は共産主義を世界中に広めるために国際共産主義連盟（コミンテルン）を設立し、まず隣国に中国共産党をつくらせた。

ソ連のスターリンが中国の毛沢東を通じて中国全土に共産主義の勢力を浸透させると共に、米国政府や日本政府内部にコミンテルンのスパイ網を張り巡らせた。その結果、孫文が病で倒れる前年一九二四年、国民党に「連ソ容共」政策を取らせ、一九三六年暮れには、張学良に西安で蒋介石を拘束させ、翌年七月、盧溝橋で日本軍を挑発し支那事変を勃発させたのである。

一九二〇年、樺太対岸の尼港《にこう》での日本人虐殺事件以降、支那事変に至るまでの第一次上海事件、第一次南京事件、漢口事件、済南《さいなん》事件などなど、ほとんどの支那兵による暴動は、背後に共産党の煽動があったと思えば理解しやすい。

共産主義を拡大するためには、日本軍を挑発して国民党との戦いを泥沼化し、双方の勢力を弱体化させる、という戦略であった。蔣介石国民党政府から分かれた汪兆銘の南京政府を支援した日本政府が援助した兵器は、ほとんど共産党軍に流れていった。それは共産党情報機関最高幹部の潘漢年が、汪政権中枢部にスパイ網を巡らせて、汪政権軍幹部の多くは共産党の秘密工作員であった。

日米開戦後も共産軍は日本軍との戦闘を回避し続け、散発的ゲリラ戦だけであったため、共産軍は終戦時までに百万人、共産党支配下の人口は一億人近くにまで膨張していた。

米国のルーズベルトは政策として蔣介石を支援したが、戦場現場の米陸軍将校はソ連共産党のスパイが多く、共産軍の便宜を図る面が多く実質的に有効な支援にならなかった、とヴェノヴァ文書が明らかにしている。

支那事変が起きた一九三七年夏の時点で、日本と満州国には二千人のスパイと、五万人のエージェントがいたと日本の治安当局は見ていた。たとえば、ソ連の駐在武官であった小柳喜三郎大佐は一九二九年、武官官舎でスパイ疑惑の末、割腹自殺し、関東軍の第二十三師団長の小松原道太郎中将もソ連のエージェントであったと言われ、ノモンハンでの関東軍敗退後帰国し、一九四〇年十月不審な病死をした（福井義高著『最先端の世界史』）。

一九三七年、支那事変で国民党軍に合体した共産軍は、八路軍などとして正規軍ではなく主に遊撃戦で戦力を温存し農民の間に共産勢力を広め、来るべき国民党との決戦に備えていたのである。

日本が敗戦して大陸から撤退後、中国内で国民党対共産党の内戦になった時には、米国政権内のソ連のスパイの力が如何なく発揮されて、蒋介石国民党は台湾に追い落とされたのである。

つまるところ、米国も日本もスターリンと毛沢東の謀略に乗せられて、共産党中国の建国のためにひと肌脱ぐ役割を演じさせられたのである。

その証拠に、戦後訪中した佐々木更三社会党委員長に毛沢東が「日本の軍隊のおかげで建国できた」と感謝された、という有名な話がある。

●国民党の軍事顧問団として日本と闘ったドイツ

時系列でみると、一九三七年、支那事変が起き第二次上海事変の後、日独伊の防共協定を結んだ。この時点では、ドイツはまだ国民党の軍事顧問団として共産軍と共に対日戦争に参加していたのである。日本政府の度重なる抗議によりドイツの軍事顧問団が中国より引き上げたのは、ようやく翌年五月のことである。

この時、ドイツは日本がソ連と対抗して戦い続けることを期待して満州国を承認し、国民党に派遣されていた軍事顧問団に帰国を命じた。

一九三八年に張鼓峰で日ソ両軍の衝突があり、翌一九三九年夏にはノモンハンで再び日ソ両軍が激突した。この二つの戦闘もソ連の挑発に乗せられた日本軍が苦戦したが、張鼓峰とノモンハンで日本がソ連をけん制する軍事力がないと判断したドイツは、ノモンハン戦真最中に独ソ不可侵条約を結んだ。その後すぐドイツはポーランドに侵攻したため、ソ連は日本と停戦協定を結び、侵攻したポーランドをドイツと分割したのである。

これを見て、時の平沼内閣が「欧州情勢は複雑怪奇」として総辞職した話は周知のことである。

●満州国モンゴル独立義勇軍

一九四一年、モンゴルの徳王は内モンゴル連合自治政府を樹立した。十九世紀後半から漢民族がしきりに蒙古高原に侵入し、モンゴル人の土地を奪って耕作を始めていた。外蒙古の北部モンゴルはソ連の援助により、一九二四年にモンゴル人民共和国として独立した。

問題は内モンゴルと呼ばれる南部モンゴルで頻繁に漢民族の侵略を受けて、モンゴル人は日本軍の支援を受けて独立しようと日本軍に協力した。その中の一人、バボージャブは日露戦争時に馬賊の棟梁として日本軍に協力した男で、息子のガンジョールジャブとジョンジョールジャブは日本の陸軍士官学校を出て満州国でモンゴル独立義勇軍を設立した。

日本は満州に興安軍官学校を設立し、モンゴル人の軍人教育をした。ソ連と満州の国境では戦闘のたびに、日本とソ連の代理戦争で、ソ連側のモンゴル人と満州国側のモンゴル人民族同士の戦いになる悲惨な状況もあった。

●ドイツの裏切り

前記のように一九三九年八月、突如ドイツとソ連は「独ソ不可侵条約」を結んだ。ドイツは日本と防共協定を結びながら、日本と敵対するソ連とも中立条約を結んだのである。

これは日本に対する背信行為だと抗議する間もなく、ドイツはポーランドに侵攻し、ソ連とポーランドを分割し、第二次大戦が勃発した。翌一九四〇年四月にはドイツの目覚ましい快進撃が始まり、オランダ、デンマーク、ベルギーを占領し、フランスのパリに入城したのがわずか二か月後であった。ヒットラードイツはその勢いのままドーバー海峡を飛んで英国攻撃に突入した。このドイツの眼を見張る快進撃に魅了された日本政府首脳部は、ドイツの占領下に入った北部仏印に進駐し、日独伊協定を軍事同盟に格上げしようと画策した。

ドイツの激しい空爆に必死の防御態勢を敷いた英国空軍は、スピッツファイアーがその威力を発揮し、ドイツ軍を撃退したのである。ドイツが英国攻略に失敗した、ちょうどその時点で、まことに皮肉なことに日本は日独伊三国軍事同盟に署名したのであった。

そしてその翌年一九四一年四月に日本はソ連との間に日ソ中立条約を結び、その二か月後には、二年前に中立条約を結んだはずのドイツが、ソ連に侵攻を開始したのである。

一九三八年、日本の度重なる抗議によりいったん軍事顧問団を引き上げたものの、蒋介石国民政府に対して日中戦争中もドイツからの武器輸出は継続され、その見返りにヒットラードイツは、タングステンなどの希少金属の輸入を受けていたが、一九四一年七月、ドイツが汪兆銘政権を承認したため、その関係を断交したのである。

留意すべきは日独伊軍事同盟締結後もドイツは、蒋介石政権に軍事援助という同盟国日本に対して背信行為を続けていたことである。そして同時期には英米もビルマの援蒋ルートを使って蒋介石政府を支援していた。

その後、南部仏印に進駐した日本に対して米国はじめ連合国は、日本に対して経済制裁を発動し、十二月には真珠湾攻撃で開戦することになる。

この開戦後、翌年の六月のミッドウェー海戦での敗退までの快進撃は、一九四〇年のドイツが英国攻略に失敗するまでの半年間の連戦連勝とよく似ている。

こうしてみると、日本は、スターリンと毛沢東だけではなく、ヒットラーと蒋介石にも騙されて、日中戦争では間抜けな役回りを演じた外交音痴であった。

●粗暴な日本兵

日本人は心優しく和を尊ぶ民族であり、勇猛果敢な民族であると言うのとは反対に、日本兵は思いやりのない、粗暴な振る舞いをしたと戦時中は中国をはじめ、東南アジア各地で悪い噂が広がった。誇張した嫌いは否めないが事実であろう。この両極端の評価も同じ日本人である。

こういう評価は内容が違えこそすれ、両極端の評価があるのは、どの民族にも当てはまるだろう。それは両極端の人間がいるのではなく、同じ人間が程度の差こそあれ、両極端の性格を併せ持つことである。

たとえば、マッカーサーが戦場脱出した後の日本軍のフィリピンにおける占領地行政は酷いものだったという。当時の村田省蔵駐比大使が後のラウレル大統領から直接批判されたのが、「この数年初めて多数の日本人と接触して残忍な民族だとの印象を持つに至った。特に憲兵の横暴は苛烈極まるものだった」

更にフォート・サンチャゴという潮の満ち引きを利用したスペイン時代の牢獄をマニラ憲兵隊が使用し、現地人の密告を受けて日本の憲兵は裁判もなく容赦なく逮捕・拷問をして、フィリピン人を殺害したらしい。

残念なことだが、このようにして現地人の心は離れ、親米的になっていった。フィリピンでの軍政は完全な失敗であった。タイにおいても当時のピブン首相が語るには、一般日本人の行儀の悪さは凄まじいものだったという。

タイは当時、中立国であり、日本には便宜供与を図ってくれていたのだ。ビルマでも神聖なパゴダに軍靴のまま入るなどして原住民の反感を煽った。蘭印総督兼司令官の今村均大将の人徳ある軍政下のインドネシアにおいてさえ、後に副大統領になるハッタが日本人の粗暴な振る舞いを改めるように要望している。粗暴さを勇ましさと勘違いするような不心得者や、現地の人々の感情に配慮できない者もいたに違いない。

また政府、陸軍、現地の日本軍との間に政策、方針などで食い違いがあり、アジアの人々を失望させたり、日本に対する信頼を失わせたりしたことはまことに残念である。汪兆銘、バー・モウ、ラウレルもみな、このため大いに悩まされたと述懐している。

また、日本軍の粗暴な振る舞いを弁護や正当化する意図はまったくないが、程度の差こそあれ、終戦時のソ満国境や樺太でのソ連兵士の振る舞い、中国の通州事件、ドイツのホロコーストなどに見られる粗暴さと残虐性は、慰安婦問題も含めて多くの民族に共通している。

戦闘地域の各地で見られた日本軍兵士の粗暴な振る舞いが、「侵略」という言葉に安易に結びついて、日本は侵略戦争をしたという占領軍の「戦争犯罪宣伝政策」に近隣諸国も、日本人もいとも簡単に洗脳されたのである。

●大東亜会議の意義

先の大戦の宣戦詔書にある通り、日本はあくまで「自存自衛のため」戦争に踏み切らざるを得なかった。ＡＢＣＤ包囲網による経済制裁のため、石油、綿花、ゴムをはじめとする生活必需品を輸入する道を閉ざされた日本が生きる道は、ハルノートが受け入れ難い今、戦争に打って出る他なかった。それはまさにマッカーサーが戦後、米国議会上院の外交防衛合同委員会で証言している通りなのである。しかし「自存自衛のため」は戦争の目的ではない。

開戦四か月前の昭和十六年八月、大西洋上の艦上において米国大統領ルーズベルトと英国首相チャーチルが署名した「大西洋憲章」には「民族自決の原則」を謳いながら彼らの殖民地には適用されない、としたのである。この身勝手な憲章に異を唱えたのが、東條首相に要請されて外務大臣になった重光葵である。

「大戦争を闘う日本にはその目的について堂々たる主張がなければならぬ。自存自衛のために戦うと言うのは、戦う気分の問題で、主張の問題ではない。日本の戦争目的は、東亜の解放、アジアの復興であり、東亜民族が植民地支配を脱して各国平等の地位に立つことが世界平和の基礎である」として重光葵は東條首相に意見書を提出した。開戦初頭昭和十七年一月帝国議会で東條首相は、フィリピン、ビルマを将来独立させると施政方針演説したくらいだから、首相にも否やはなかった。

重光葵もその頃、南京に中華大使として赴任し、汪兆銘政府と積極的に話し合い、平等関係を推進し、中国の自主的自立を援助する方向で日中関係改善を図った。

昭和十八年三月、東條首相は南京で汪兆銘と会談し、また、八月一日、ビルマで軍政を廃止して独立を宣言、十月にはフィリピンが独立を宣言した。

そうした中、十一月五日、東京の国会議事堂を舞台に大東亜会議は開催された。

出席者の一人であり、ビルマ首相のバー・モウはその自伝『ビルマの夜明け』の中で「アジアの独立した諸国代表が史上初めて一堂に会する機会をもった。東京で開かれた大東亜会議で、事実、これは歴史を創造した」と評価している。

また、自由インド仮政府首班のチャンドラ・ボースは「大東亜における新しき諸国家間の秩序建設の諸原則を確立した」と高く評価している。

大東亜会議については、教科書でも触れないし、多くの人に知られず歴史の闇に埋もれたかのような印象があるが、戦後の東京裁判を主流とする歴史教育では触れたくない側面であったため、占領軍は「日本が傀儡《かいらい》政権の代表を集めた茶番劇」として過小評価して片付けようとしていた。我々にしてみれば東京裁判こそ「戦勝国の復讐心をもてあそんだ茶番劇」であった。

会議の出席者は、満州国張景恵総理、中華民国汪兆銘院長、タイのワンワイタヤコーン殿下、フィリピンのラウレル首相、ビルマのバー・モウ首相、そして自由インド仮政府首班のチャンドラ・ボース、日本の東條英機が一堂に会した。

ビルマのバー・モウは特攻隊の崇高な行為に感激し、悲憤慷慨の余り各国で講演したり、ビルマ独立のため縦横無尽の活躍をした。チャンドラ・ボースは中国に乗り込んで南京政府と重慶政府を和解させるための尽力をしたり、婦人部隊を率いて日本軍と共に闘ったりした。東條首相をはじめ彼に接した日本人はみな「西郷さんのようだ」と言って魅了された。チャンドラ・ボースやバー・モウをはじめ他の出席者もみな、「かいらい」と占領軍が呼ぶような類の人間ではなく相当の人物であったようである。みな、波乱万丈の生涯を送っている。中でもチャンドラ・ボースの行動力は傑出していた。

大東亜共同宣言には「大東亜各国は相提携して大東亜戦争を完遂し、大東亜を米英の桎梏《しっこく》より解放して、その自存自衛を全うし……」と前置きした後、大東亜各国は共存共栄の秩序、人種差別を撤廃し普《あまね》く文化を交流し……などの理念が明文化されている。ただ、オランダ領インドネシアとラオス、カンボジア、ベトナムの仏領インドシナは会議の時点では独立していなかったため、宣言には、「米英の桎梏」と表現され、かつての米英領に限られている。

●インドネシアの残留日本兵

インドネシアは大東亜会議の五日後の十一月十日、スカルノとハッタが政府の招待により来日した。政府は独立させるつもりでいたものの、陸軍が独立させれば自由に石油資源の調達ができなくなるという理由で反対していた。インドネシアは日本の敗戦後八月十七日、スカルノ大統領とハッタ副大統領の署名で独立宣言を発表した。日本軍の敗退するやいなや、イギリス軍、オランダ軍が旧植民地を奪回すべく猛烈な戦闘を開始した。独立維持のための戦争の主体は日本軍に訓練されたＰＥＴＡ（郷土防衛義勇軍）であり、日本兵約一千名も故郷に帰る想いを振り捨てて、残留し、インドネシア独立のために一命を捧げられたことを特筆したい。

「云ふなかれ、君よ、別れを」で始まる大木敦夫作の『戦友別杯の歌』は戦時中多くの若者に愛唱されたそうだが、

♪我が行くダビアの街　君はよくバンドンを衝け
この夕べ　相離《あいさか》るとも　輝かし南十字を
いつの夜か　また共に見む♪

生まれ故郷への哀愁を断ち切り、インドネシア独立闘争に加わって一命を捧げられた残留日本兵の皆さんの、崇高な麗しい心根を決して忘れはすまい。

仏領インドシナに関しては、昭和二十年二月までは、フランスのドクー総督のもとで日本と中立を保っていた。昭和十五年、締結した日仏共同防衛協定により、日本軍の軍事的経済的要請に仏印総督が応ずるという形をとってきた。ところが連合軍が中国南部に進出する恐

れもあり、また大東亜共同宣言に謳った「アジア解放」の手前もあって、日本軍は仏印三国に武力進出し軍事管理下におき、昭和二十年三月からベトナム、カンボジア、ラオスと相次いで独立を宣言した。

●大アジア主義と興亜運動

アジア解放というスローガンは戦時中に唐突に始まったわけではない。十六世紀ポルトガルがマラッカを、スペインがフィリピンを蚕食《さんしょく》したのを皮切りに、イギリスがインドを、オランダがインドネシアをと次々と食指を伸ばしてきた。幕末にはイギリスがアヘン戦争で中国を食いものにし、アメリカは日本に砲艦外交で迫り、治外法権を認め、関税自主権のない不平等条約を屈辱的に締結した。この半ば植民地的な処遇に対して、日本は植民地にこそならなかったものの、これを知った日本人は西洋の理不尽なやり方に憤懣を抱いたのは当然である。

西洋に追いつき追い越せと奮起したものの、殖産興業、富国強兵のために西洋化に進まざるを得なかった。そんな中で明治十年、西南戦争の年、西郷南洲の「敬天愛人」を基本精神とする興亜会が設立され、翌年には玄洋社が設立された。植民地支配や人種差別を世界から一掃し、世界中の民族が対等の関係に立つことを謳ったものである。

頭山満翁を中心とする興亜陣営には副島種臣、犬養毅、宮崎滔天、内田良平ら多くの民間人が個人資産を擲《なげう》って活動をした。中国の孫文、韓国の金玉均、ビルマのウ・オッタマ、ベトナムのクオンデをはじめ多くの独立の志士たちが各国から興亜陣営を頼って来日した。梅屋庄吉は孫文を財政的に援助し、興亜陣営の人々はアジアの志士たちを陰に陽に援助を惜しまなかった。

西洋列強に阿《おもね》る政府は、興亜陣営の崇高な目標と相容れぬことも多く、亡命してきたアジアの志士たちを追放することもあった。

●藤原機関と南機関

そんな中、大アジア主義を唱える大川周明の主宰する大川塾塾生の藤原岩一少佐がF機関を先導し、マレー半島での英印軍との戦闘で捕虜になったインド人を教育し、インド国民軍の育成に努めた。藤原少佐はじめ機関員はインド人捕虜と文字通り寝食を共にしたという。

一方、ビルマでは昭和十六年二月開戦前に、「八紘一宇のもと植民地解放を担う」という目的で南機関が発足し、アウン・サンをはじめ「ビルマ三十人志士」を海南島で訓練し、ビルマ独立義勇軍を創設した。

昭和十八年八月、バー・モウ首相率いるビルマは独立と同時に日本と同盟条約を結び、米英両国に宣戦布告をしている。チャンドラ・ボースは十一回にわたる獄中生活の後、奇策をもって出国し、ドイツに渡りドイツから独日の潜水艦を乗り継いでシンガポールで一万三千人のインド国民軍兵士を閲兵した。藤原機関が育て上げた英印軍のインド人捕虜たちであった。ここでボースはインド仮政府を樹立し、米英に宣戦布告をした。

インドネシアでは「ムルデカ」独立の掛け声のもとにPETA（独立防衛義勇軍）が創設され、タンゲラン青年道場などで訓練が行なわれた。前述したようにこのPETAが日本軍撤退後、イギリス、オランダとの独立維持闘争に力を発揮するのである。

●諸国の独立運動と日本軍

アジアの解放なんて嘘だ、日本はただ自分たちのためにアジア諸国を利用したに過ぎないんだ、と言う人もいる。では、アジア諸国は日本を逆に利用したのではないか、と言う声にどう答えるだろうか。両方とも正しい。興亜陣営の人たちは個人的の利益のためではなく、日本国のそしてアジア諸国民のために、アジアの志士たちを支援したのだ。

しかし、植民地支配に喘ぐアジア諸国は自分たちだけでは西洋列強の頚木《くびき》を断ち切ることはできなかった。そんな時、日露戦争で自分たちと同じ黄色人種の日本人が白人ロシアを打ち破った。これほど大きな感動はなかった、とアジアの志士たちは吐露している。よし、日本の力を利用して、あるいは借りて自分たちの国を独立させよう、と植民地支配の重圧に苦しむ人々が考えるのは至極当然で自然な成り行きである。

戦争を遂行する日本にとっても、現地での資源や便宜供与などの協力が不可欠である。そしてお互いが協力し合って植民地を解放すればいいのだ。ただ、そこに至るまでに、日本政府の非協力的というより、むしろアジアの志士たちを妨害する態度があったから、興亜陣営の人々は、個人的な資産を自ら注ぎ込んで彼らを支援したのである。藤原機関、南機関のほかいくつかの訓練機関の活動は、明治初頭からの興亜陣営の人々の崇高な心情の流れの中にある。

●朝鮮半島統治の実態

呉善花さんの著作『生活者の統治時代』によると、朝鮮殖産銀行は、朝鮮総督府の制令に基づいて、朝鮮各地の農工銀行六行を合併して一九一八（大正七）年に設立された特殊銀行である。有賀光豊氏は、大正九年から昭和十二年までの十七年間にわたって二代目の頭取を務めた。

今から四十年ほど前、有賀光豊のご子息有賀敏彦氏（日韓文化協会会長）がソウル在住の見知らぬ韓国人から一通の手紙を受け取った。その内容は、

「まだ御面識もない貴台に、突然このような書状を差し上げる非礼をお許し下さい。実は、私の父は戦前の日本時代に独立運動をして捕らわれ、死刑の判決を受けたのですが、有賀光豊様のお力で命が助かり、戦後、釈放されて社会に戻ることができました。その後、韓国動乱の時などはずいぶん苦労はしましたが、お蔭様で天寿を全うして六年前に他界しました。

生前、命の恩人である有賀様にひと目でもお目に掛かって、お礼を申し上げたかったのだが、その機会を得ず、誠に心残りである、有賀様はすでに御存命でないと聞いているが、せめてお前が有賀様の遺族の方々を探して、お礼を申し上げてくれ、といい続けておりました。私は父の遺志を果たすべく、つてを求めて御遺族を探しておりましたが、ようやく今日、御子息である貴台のご住所を知り、御手紙を差し上げる次第です。亡父に代わって、有賀光豊様の御鴻恩《こうおん》に対して厚く御礼申し上げます」（殖産銀行会誌平成十二年より）

有賀光豊は明治三十九年、日韓保護条約によって設置された韓国総督府の役人として日本の大蔵省から派遣された。その後、朝鮮総督府参事官を経て、大正七年に設立された朝鮮殖産銀行の理事に就任、二年後に頭取となり、以後十七年にわたって頭取を勤めた。

朝鮮殖産銀行では、初代頭取とその後を受けた二代目頭取有賀光豊、三代目林繁蔵によって、一貫して日本人と朝鮮人との間に差別を設けずに給与を一本化する「無差別平等待遇」が実施されてきた。基本給は言うに及ばず、日本人にだけ習慣化されてきた諸手当も朝鮮人にも一様に支給したのである。

朝鮮殖産銀行が設立された大正七年には、米価が著しく高騰し、日本各地に米騒動が起きた。これにより寺内内閣が倒れ、原内閣が成立する。原内閣は、長期的展望に立った食糧問題解決の施策として「開墾助成法」を制定し、未開墾地の開墾を助成することで耕地の拡張を図り、米の生産の増大を図る方針を固めた。しかしこの法案は日本内地だけを対象として

いたため、三島頭取と有賀理事は大いに憤慨し、朝鮮にも施行するように政府に強く建議した。その建議書の内容は、

「日本内地と朝鮮は幾多の関係に照らして考えれば、これを差別して母国対植民地とみなすのは妥当ではない。殖産興業の方途を計策するには、内地と朝鮮とを区別する必要はなく利害関係の有無が互いに相通じる施策をもってすべきである。今回の開墾助成法に基づく米穀増収計画のような立法の精神に照らして、最もその実効を期そうとすれば、まず朝鮮において施行すべきである」（三島太郎氏記念誌より）

このほか建議書では、朝鮮は伝統的に農業を中心とする国であり、有望な未開墾地が広くあり、灌漑設備を充実させれば豊かな収穫が期待でき、内地より少ない経費で開墾できることなどを列挙し、朝鮮への「開墾助成法」の施行を切々と訴えた。

こうした有賀たちの努力の結果、この「産米増殖計画」は朝鮮人の自主性を主体とし、日本政府が援助する方式で実施されることになった。この計画は、開墾による農耕地の改良拡張にとどまらず、施肥の増加、耕種法の改善、灌漑水利の充実など、全般にわたる農事改良も行なったため、朝鮮の米作農業は飛躍的な発達を見た。

こうしたさまざまな努力の結果、朝鮮米の収穫高は明治四十三年の日韓併合当時は、年に一千万石に過ぎなかったものが、昭和八年頃には一千七百万石を突破し、昭和十五年には二千二百万石を超えた。有賀はその他にも朝鮮経済の自立に向けた産業の育成に尽力してい

る。光豊氏のご子息の敏彦氏が言うように「朝鮮は我々がお手伝いして立派な国に育て上げ、その上で本来の持主に返すべきだ」との信念で生きていたことがよく理解できる。

そこが、日本人と西洋列強の植民地統治の根本的な相違である。満州でも朝鮮半島でも、台湾でも、日本は外地を日本内地と同様な、あるいはそれ以上のレベルにしようと努力したのである。

●アジア独立の真実

いつの世にもどこの国にも、心無き人々がいることと同程度に心麗しき人々がいる。その片一方の局面だけをもって、その国を判断することはできない。前述したように戦時中、東南アジア各地で粗暴な日本兵が現地住民の善意を逆なでするような言動もあった反面、欧米の数百年にわたる植民地支配を心から怒り、アジアの人々が独立を勝ち取るために命を的にした崇高な使命感をもった日本人も少なくなかった。

この両極面は決して一方をもって他方を否定できるものではない。

しかし戦後の日本人は、七年間に渡った米軍の占領政策に毒され続け、いまだに政治家でさえも、日本人が犯した負の局面だけで日本の戦争を語る愚を、いまだに冒している事実には悲しさを越えて怒りを覚える。

たとえば、「真相箱」「真相はこうだ」などでＧＨＱの民間情報教育局は日清、日露戦争でさえも侵略戦争だとして日本人を洗脳しようとしたが、もし日本がロシアと戦わなかったら、朝鮮半島と満州はロシアのものになっていただろうことは、中学生でも推測がつく。

占領政策には欧米諸国が非白人諸国を侵略し、搾取して自国の繁栄を築いてきた事実を隠蔽するために、日本は侵略戦争をした悪い国だと、ことさら日本人を洗脳し、欧米列強からアジア諸国が独立した事実に大いに寄与したことを意図的に無視してきた。というより「欧米列強が酷使した植民地を解放した日本」という図式は、東京裁判で日本を悪玉と決め付けるためには、連合国にとってまったく受け入れられないものであった。連合国にとっては、大東亜会議も大東亜戦争という名称も、また八紘一宇という言葉も日本軍のアジア解放を連想するために、占領下において、それらの言葉の使用を禁じたのである。

第六章　欧米諸国の憲法と政治体制

●憲法とは何か、なぜ憲法が必要なのか

立憲民主党枝野党首は、口を開けば「立憲主義とは、政治権力が独裁化され、権力が恣意的に支配することを憲法や法律によって抑制する立場」と主張する。首都大学東京の木村草太氏の「憲法は権力を抑制するもの」との持論を引用したものだ。

英国の慣習法の起点であるマグナカルタ（大憲章）は確かに独裁者王権を縛る目的があった。しかし、近代の憲法は「国民と国民によって選ばれた政府との信託契約を結び、その契約書を憲法と呼ぶ」のである。当然そこには政府の権利・義務と同様に国民の権利と義務が含まれている。

英国には成文憲法がなく、慣習的に積み上げてきた判例や慣習法を基にしている。日本も明治以前は今の憲法に相当する国家基本法のようなものはなかった。

しかし、七世紀に聖徳太子がつくった十七条憲法をはじめ、律令制度になって大宝律令、養老律令など、また鎌倉期には北条泰時の貞永式目（御成敗式目）が制定され、徳川幕府は武家

諸法度や禁裏公家諸法度などを制定して社会の規範として運用してきた。

明治になって大日本帝国憲法が発布され（明治二十二年）、同時に皇室典範が初めて成文化された。それまでは皇室も延喜式、順徳天皇の禁秘抄以外には、皇室の家法にあたる成文法は存在しなかった。

なぜ明治になって憲法をつくる必要があったのか。

幕末の西洋諸国列強による侵攻により世界に目覚めさせられた日本は、西洋に追いつけ追い越せと富国強兵、殖産興業に努めたのである。

幕末に西洋各国と結んだ不平等条約の片務性に気付き、西洋と対等な条約を締結するためには近代国家をつくらねばならぬ、そのためには西洋各国のような憲法を持たねばならない、のであった。

新政府ができたての明治二年、岩倉具視を団長とする新政府の首脳陣が約二年にもわたる欧米諸国歴訪に旅立ってしまったのは、日本西洋化の始まりであった。

猿まねと揶揄された鹿鳴館時代を謳歌し、鉄道、電気、郵便制度や警察や裁判所の司法制度も瞬く間に導入し、陸軍はフランス、ドイツから、海軍は英国から学んで日本陸海軍を創設し、富国強兵に邁進したのである。

一八八一年に勅令により帝国憲法作成が命じられ、伊藤博文、井上毅がドイツ、オーストリアから学んで八年にわたって作り上げたのが大日本帝国憲法であった。

●主要諸国の憲法

さて、参考までに、我が国よりかなり昔から立憲主義国家をつくった欧米諸国の憲法を見てみよう。

①イギリス

世界の憲法に言及すれば、まず英国の憲法から始めねばならない。

憲法と密接な関係にある、その国情に触れよう。

英国の正式名称はイギリス連合王国で四つの王国（イングランド、ウェールズ、スコットランド、北アイルランド）の連合国である。イングランドとウェールズは法的には一体であるが、スコットランドは別の法体系にある。

一七〇七年にスコットランドが、一八〇一年にはアイルランドが加わったが、一九二二年にアイルランドが独立し、北アイルランドが連合王国に残っている。

因みに、サッカーの国際試合でもイングランド、スコットランド、アイルランドは別々のチームで出場し、通貨も異なる。

英国憲法は成文憲法ではなく慣習法であるとされている。不文法であると言うと記憶や伝承の中にだけ存在する法体系かと考えるが、実態はただ英国憲法として一体の成文化された法律ではなく、過去に集積された法律の集合体であるということだ。

英国憲法を形作る主な法律を見てみよう。

まずマグナカルタ（大憲章）はプランタジネット朝、三代目のジョン王がフランスとの戦いで大陸の領土を失って住民に重税をかけようとした。それに対して貴族や諸侯が一般評議会として王権を制限する要求をした内容である。教会の自由や受封者の相続や裁判などに係わる契約書である。

これは一二一五年に公布された。その頃、日本では鎌倉時代源実朝の治世で、その四年後に実朝は暗殺され、二年後には後鳥羽上皇が承久の乱を起こす。

また、一二三二年には執権北条泰時が、武家の独自の法律である御成敗式目を制定し、洋の東西で法律が制定された。

その後、英仏間の百年戦争が起き、モンゴル帝国、オスマントルコ帝国が興り、またルネッサンス、宗教改革が起きた後、英国議会の指導者エドワード・クック起草による権利の請願が採択された。

これは一六二八年、チャールズ一世の戦費調達のための重税徴収に対する抗議である（その頃ドイツを舞台に宗教戦争の三十年戦争）。その結果、国王と議会の対立が激化し内乱に発展した。国王は法廷で裁かれ処刑された。クロムウェルの清教徒革命と呼ばれ、共和制に移行するが約十年で終焉する。

日本では徳川幕府三代将軍家光の時代で、武家諸法度、禁中並びに公家諸法度などの法令を定めた。

次に王政復古後、チャールズ二世の専制政治に対して一六七九年、人身保護法は不法な自由の拘束に対しての抗議である。

チャールズ二世の後、ジェームス二世が即位し、カトリック信者として英国国教徒を弾圧した。名誉革命が起こり国王はフランスへ亡命し、翌年一六八九年「権利の章典」は名誉革命の宣言である。その他王位継承法、国民人権法、人権法などが基本的な法令で、英国憲法を形成するのはその他膨大な判例、法令、慣習律などに憲法的諸規範が内在している。

②ドイツ

ドイツ連邦共和国は一九四五年五月に連合国軍に無条件降伏をした後、戦勝国米英仏ソ四か国の分割統治に入った。一九四九年、ドイツ連邦共和国基本法、通常ボン基本法として制定された。

この基本法の最終条の第百四十六条には基本法の失効として「ドイツの統一と自由の達成後は、全ドイツ国民に適用されるが、ドイツ国民が自由な決断で議決した憲法が施行される日に、その効力を失う」と、あくまで憲法ではなく暫定的な基本法であると明記されたのである。

しかも一九五四年には、西ドイツのNATO加盟決定で再軍備の必要から徴兵制が法制化されたのである。一九九〇年の東西ドイツの統一までに、既に三十五回もの改正が行なわれたのである。東西ドイツの統一により、変更が重ねられ全百四十六条よりなる。

連邦大統領は連邦議会議員による選挙により選ばれる。連邦政府は連邦総理大臣及び連邦大臣から構成される。連邦総理大臣は大統領の提案に基づき議会により選挙される。

③アメリカ合衆国憲法

一七八八年、米国建国後十二年にして制定された憲法は、短文の前文と全七条よりなる。連邦議会、大統領、連邦司法部、連邦制、憲法修正、最高法規、発効、そして修正条項からなり、統治の組織と権限に限定された内容である。

国民の権利義務などに関しては 修正条項に記載されている。憲法修正が承認された時は、その都度、修正事項として修正及び追加され、現在まで二十七の修正事項が追記されている。合衆国の連邦政府は連邦議会の立法権、大統領の執行権（行政権）、連邦司法部の司法権に分立している。

この三権分立の特徴は、連邦議会議員と合衆国の閣僚の兼職禁止で、立法権と行政権を明確に分離している。上院の議長を兼務する副大統領だけが例外であり、最高裁長官や大統領も含めすべての弾劾裁判を行なう権限を上院が有している。

修正条項の中には、第十五修正の「黒人の選挙権」（一八七〇年）や禁酒法と呼ばれた第十八修正「禁酒修正」（一九一九年）と、その廃止第二十一修正（一九三三年）がある。

④フランス

アメリカ合衆国憲法が制定された翌年一七八九年、フランス革命が起きた。免税の特権受益者の聖職者、貴族を支える九十八％の人口を占める市民階級が重税に苦しんだ結果、ルイ十六世が処刑された。百四十年前のイギリスのチャールズ一世と同様、フランス国王も処刑されたのである（一七九三年）。日本では江戸時代十一代将軍家斉で老中松平定信を起用した寛政の改革を行ない文化文政の世につながる。

フランス革命の二年後、一七九一年に最初の近代憲法（立憲君主制）が制定された。第一共和政になって一七九五年に共和制憲法、ナポレオン一世の帝政の一八〇四年憲法と三種の政体下で憲法が繰り返された。

王政復古を実現した一八一四年憲章と一八三〇年憲章が立憲君主制、一八四八年の二月革命後の第二共和制憲法、ナポレオン三世による一八五二年憲法が帝政となった。

その後、第三共和制を経て第二次大戦後に第四共和制、ドゴール大統領になって第五共和制一九五八年憲法が制定され、現在に至る。

一九五八年憲法制定時には大統領の直接公選制は行なわれておらず、四年後の一九六二年の憲法改正により大統領公選制が実現する。

大統領が任命する首相率いる内閣が行政権を持ち、権限が強化された大統領と議院内閣制を併せ持つ半大統領制とも呼ばれる。

以上の英米独仏四か国の欧米諸国の憲法を概観して感ずることは、立憲君主制の英国以外の米独仏国は共和制であるが、同じ共和制であってもそれぞれの大統領の権限が大幅に異なることである。

米仏は直接公選制による大統領であるために大統領の権限は強いが、ドイツの大統領は、ほとんど形式上の地位であり国際舞台でも登場する場面が少ない。

更にフランスは議院内閣制であるため、米国のように公務員（大統領以下各省閣僚等）は連邦議会議員と兼務できない規定からくる行政権と、立法権の明確な分離ができないという問題がある。

これは立憲君主制で議院内閣制の日本の政治状況と同じで、多数派の与党の議員からなる内閣が政府と国会を動かし、行政権と立法権の癒着が避けられない所以である。

そのため日本の場合、近代政治の原則である三権分立が実質的に二権になってしまっている。

日本国憲法について、興味深い議事録が残っている。

因みに、南原繁は占領期の国会の貴族院議員であった。当時は東大総長が貴族院議員を兼務する制度で、その議事録に氏の発言が記されている。

「我々は日本政府が自主自立的に責任をもってついに自らの手によって憲法を作成し得なかったことをすこぶる遺憾とし、これを日本国の不幸、国民の恥辱とさえ感ずるものである」

更に憲法九条については「戦争はあってはならないとは誠に政治道徳の普遍的原理である

が、人類種族の存する限り戦争があるのは遺憾ながら歴史の現実である。ゆえにこの現実を直視し、少なくとも国家としての自衛権と必要最小限度の兵力を備うところがなければならぬはずである」と述べている。

後にサンフランシスコ平和条約の全面講和に賛成して、吉田茂首相から「曲学阿世《きょくがくあせい》の徒」とまで罵倒された人でさえ、この正論である。

●外国の政治体制

政治形態は各種あるが、一語では表されず、たとえば米国の場合、大統領制、連邦共和制、立憲共和制などと呼ばれる。日本の場合、立憲君主制、議院内閣制とも称される。

①アメリカ合衆国

米国大統領は政府の長であり、同時に国家元首である。大統領は議会とは別に選出され、大統領の内閣閣僚は憲法上、連邦議会議員であることを禁じられている。

連邦議会に解散はなく、元老院（上院）百名、代議員（下院）四百三十五名の定数よりなる。

②英国連合王国

ブランタジネット王朝が一一五四年、ヘンリー二世の時、封建国家として始まり、十三世紀後半ヘンリー三世の時代に、仏貴族のモンフォールの反乱を経て、英国議会の起源となる諮問議会（貴族、聖職者、地方代表、騎士などからなる）を招集したものが下院の前身となった。

イングランド、スコットランド、アイルランドの三王国にはそれぞれ議会があり、一七〇〇年代初め、合体して連合王国となる。現在、貴族院（上院）七百八十三名、庶民院（下院）六百五十名の定数からなる。下院に優越性がある。

③フランス共和国

憲法の項で記述したように、フランス革命後、立憲君主制、帝政、議院内閣制と政治制度が変わり、現在はドゴール以来「第五共和制」と呼ばれ、大統領の権限が強化された。首相を任命し、議院内閣制、下院の解散権など米国より強力な大統領権限を持つ、「半大統領制」とも呼ばれる。国民議会は下院と元老院の二院制だが、元老院は諮問機関のみ。議員定数は五百七十七名。

④ドイツ連邦共和国

連邦共和国議会と各州政府の代表から構成される連邦会議院の二院制。首相を選出するが、議会の解散権は大統領にある。連邦議員定数六百三十一名。

⑤ロシア連邦

ソ連邦崩壊でロシア連邦議会が連邦院（上院）百七十名と国議院（下院）四百五十名よりなる。

ロシア連邦共和国は、一九一七年ロシア革命後にできた国で、ソヴィエト連邦の構成共和国の名称。

一九九一年、ソ連崩壊後にロシア連邦ができ、連邦構成主体は八十五あり、そのうち二十二が共和国。チェチェン共和国、クリミア共和国を含む（余談だが、ソ連崩壊後、独立したウクライナには数千発の核兵器が残置され、ウクライナが核兵器を放棄する代償に、米英ロ三国が軍事利用しないことを保障するというブダペスト覚書が結ばれた。ロシアがクリミアに侵攻し、核攻撃も辞さないと述べたのがまだ耳新しい）。

⑥軍隊を持たない国

護憲派がよく引き合いに出す例に、南米コスタリカが軍を保有しない平和な国だという。確かに常備軍を憲法上廃止しているが、有事の際は徴兵制を採り軍を組織できる。七千五百人体制の警備隊がミサイル、ヘリを保有し、隣国のニカラグア国軍の三倍の国家予算を得ている、そういう自分たちに不都合なことは言わない。

パナマ、ハイチは軍を解体して、アイルランドは軍を保有しないが北大西洋条約（ＮＡＴＯ）に加盟している。また、主として太平洋の島々、マーシャル諸島、ミクロネシア諸島、パラオは自由連合として米国が国防を担い、各国国民は米国軍人として採用される。

このように世界中には、様々な国情に応じて、さまざまな国がある。軍のクーデターによる政情不安の原因になる、または経済的な理由により、軍隊を持てない国も少なくない。

人間一人一人、神様によって与えられた使命があるのと同様に、地球上の国々も、その国情に従って、それぞれが国際的に果たすべき役割があるはずである。

第七章　大日本帝国憲法と日本国憲法

今の若者世代に常々気になることは、歴史を「古い」という言葉だけで片付けて、そこから学ぼうとする姿勢が見えないことである。

民族の歴史には我々の先人たちの叡智が満載されている。無論、成功例よりも失敗事例の方が多く、失敗した事例から、より多くのことを学ぶことができる。

我々は生きてゆく過程で多くの失敗をする。成功例より失敗例が多いのは、個人でも民族の歴史でも同じである。

ただ、そこで重要なことは、失敗したことを堂々と受け入れ反省して検証し、その後に生かすことである。決して自分の失敗から目を逸らさず、逃げないことである。

いつまでも過ちを認めず、釈明し逃げ続ける人や民族は再び同じ過ちを繰り返すであろう。

その意味において、明治憲法も日本国憲法も、施行段階で幾多の不条理に直面しながらも、一度も改正されたことがない事実こそ、日本人は歴史に学んでいない証左である。

憲法は我々国民が依って立つところの根本基盤である。成立過程に問題のある日本国憲法だけでなく、天皇親政の方針を基軸とした大日本帝国憲法も共に、その成立後の施行段階において様々な問題に直面してきた。

●大日本帝国憲法の欠陥

特に明治憲法の場合には、大正末期から昭和二十年の敗戦に至るまで、その大きな欠陥を修復できないまま大東亜戦争に突入し、数多の尊い命を失ってしまった。その歴史を辿れば明らかなように、不磨の大典と呼ばれた憲法の欠陥がすべてではなくとも、大きな要因であった。

大日本帝国憲法は伊藤博文らが、ドイツ、ベルギーの憲法学者、グナイストやシュタインらから学び、主としてプロイセン憲法を手本にした。プロイセン王国は、明治の初めにはドイツ帝国に統合されビスマルク率いるドイツ憲法の時代になっていた。

『戦争論』の著者クラウゼヴィッツは、プロイセン王国の将校で十八世紀後半から十九世紀初めにかけてナポレオンとの戦争を戦った。自らの体験から戦史を重視した『戦争論』は軍事研究の古典であり、今に至るまで世界中の軍事関係者の教科書にも用いられている。

プロイセン王国がオーストリア、フランスとの戦争の中でフォン・モルトケ元帥も戦争論を学び、ドイツ参謀本部を立ち上げた。「政治が目的であって戦争は政治の手段である。軍事を政治の統制下に置く」ことが、クラウゼヴィッツの主張であった。また、効率的に軍事を政治の統制下に置くために、「武官を入閣させることが必要だ」とも説いた。

日本陸軍はモルトケ参謀長の指導を受け、明治十五年（一九八二）年、陸軍大学校を開講し、そこでモルトケの弟子のメッケル少佐を招いて三年間、日本で軍事教育に係わった。

モルトケ参謀長は『戦争論』を更に発展させてクラウゼヴィッツの「政治の統制下にある軍事」の一元主義から軍政（軍事力の建設・維持、軍事行政）と、軍令（軍隊の指揮・運用、作戦、軍事機密）とを分離して二元主義にした。

ドイツ陸軍の指導を受けた日本陸軍は、モルトケの二元主義を導入し、一八七八（明治十一）年、参謀本部条例が制定され、陸軍を陸軍省、参謀本部、監察部（後の教育総監部の前身）の三部編制にしたのである。

参謀本部は軍令・軍機を司る機関として独立し、陸軍省は軍政を司るだけの機関になった。同様に海軍も海軍省から独立した軍令部が海軍の軍令・軍機を統括する機関になった。

この内容が、十一年後、大日本帝国憲法、第四条「天皇は元首にして統治権を総攬し」と共に、天皇大権と呼ばれる第十一条から十三条までの統帥権として帝国憲法に具現化された。

即ち、
第十一条：天皇は陸海軍を統帥す
第十二条：天皇は陸海軍の編制及常備兵額を定む

第十三条：天皇は戦を宣し和を議し及諸般の条約を締結す

ところが、この大日本帝国憲法全七十六条には、内閣に関する記述がほとんど皆無なのである。

なぜならば、伊藤博文をはじめ井上毅らが二十年近くかけて練り上げた憲法の条文である。そこには、明治維新に至る孝明天皇までの歴代天皇の御世に多くの例があるように、朝廷をないがしろにする武家政権のような統治者であってはならないとの深い思いがあったはずである。統治権の総覧者であられる天皇に対抗する内閣にならぬように、内閣総理大臣の権限を極力制限する意図が明らかであった。

もう一つは、天皇大権である天皇の統治権を総攬する権限と共に明記された「陸海軍を統帥する統帥権」である。

帝国憲法の下では、天皇御一人が「統治権の総覧者」であり、且つ「国軍を統帥する大元帥」であった。その天皇を輔弼《ほひつ》する内閣と天皇を輔翼《ほよく》する軍部という二つの組織が主導権を争いながら日本国の進路を歩んできた。

ロンドンの海軍軍縮条約の締結頃から政府の統帥権干犯が指摘されはじめ、満州の関東軍が大本営の意向に反して満州事変を起こした。昭和恐慌、世界不況と相次ぐ経済不況に襲われた日本の各地では、天皇の大御心に沿った政治を渇望する動きが沸き上がった。そんな中、北一輝や大川周明の思想にも感化された青年将校たちが立ち上がったのが、二・二六事件である。

●統帥権干犯は官軍の錦の御旗

幕末の鳥羽伏見の戦いの際に、薩長連合国軍が掲げた錦の御旗を見て幕府軍が戦意を失った、という話が伝わっている。当時は薩摩・長州藩が徳川幕府軍を破るために天皇の勅語を偽造したり、錦の御旗を偽造したりしたと言われている。

それから二十二年後に発布された大日本帝国憲法に明記されている「天皇の統帥大権」が、憲法の起草者伊藤博文の予想だにしなかった方向に進んでいったのである。

大正末期のワシントン海軍軍縮条約、昭和五年のロンドン軍縮条約を皮切りに「統帥権干犯」を叫べば、まさに官軍の錦の御旗を掲げたのと同等の効果を持つことを軍部は知ってしまったのである。

帝国憲法の下では、天皇御一人が「統治権の総覧者」であり、且つ「国軍を統帥する大元帥」であられた。その天皇を輔弼する内閣と、天皇を輔翼する軍部という二つの組織が主導権を争いながら日本国の進路を歩むはずであったが、その内閣は内閣総理大臣さえも憲法に記載がない半端なものであった。

●統帥権干犯の乱用

昭和五年のロンドン海軍軍縮条約以降、政府や軍部がしきりに「統帥権干犯」を持ち出すことの中に、胡散臭《うさん》さを敏感に察知した青年将校たちが、純粋な尊皇愛国の情熱を爆発させたのが二・二六事件であった。

天皇陛下の大御心に通ずるものと信じて蹶起《けっき》した二十数名の青年将校と兵士たち約千五百名、ほとんどが兵役に就いたばかりの初年兵であったが、君側の奸臣と看做《みな》して襲撃した重臣たちは、天皇にとっては「股肱之臣《ここう》」であったことには思い至らなかった。

しかも高齢の高官たちを雪降る未明の寝込みの中を多勢で襲撃する卑怯な振る舞いは、理由はどうあれ、まず人間として許されることではない。

更に陸軍大臣はじめ軍幹部は叛徒《はんと》を「即時討伐せよ」との天皇の命令に従うことに逡巡し、反乱将兵に対して、陸軍大臣告示や戒厳令などで彼らの行動を是認するような軍命を下した。それを見た蹶起将兵たちは、自分たちの行動が天皇に認められたと判断したのは当然の成り行きであった。

天皇陛下と現場の青年将校たちの純粋な愛国心との間に介在する、天皇を輔翼する側近の軍部首脳陣の言動は、二・二六事件のような四日間ではあったが、このような大事件の最中だからこそ顕著であり、まことに象徴的である。

天皇の大御心を正確に命令系統に伝達するのが「天皇を輔翼する」即ち、真の統帥権を護ることであり、それを敢えて曲解して伝達することは、「統帥権干犯」に他ならない。

また、後述するように津田左右吉博士の天皇機関説に関しても、神格天皇に関しても、昭和天皇の御心が正しく国民に伝えられず、まさに君側の奸臣が曲解して統帥権干犯を行なった史実が存在する。

このような軍部首脳の言動こそ、青年将校が糾弾して止まなかった不純な「統帥権干犯」の現実であったのは、まさに歴史の皮肉である。

ということは明治から昭和二十年の敗戦までの間、君側の奸が障害となって多くの場合、天皇の大御心と多くの戦場の将兵たちとの思いが相通じてはいなかった、と推定せざるを得ない。

蹶起した青年将校たちの思いは、天皇を戴いた国家社会主義的な日本であって、残念ながら、「統帥権を濫用して」君側の奸が実権を奮えるような明治憲法であってはならないとして、その内容を憲法改正することまでには思い至らなかったのである。

明治二十二年に発布された大日本帝国憲法の勅語には「改正するには天皇及び継統の子孫が発議する」こと、更に「不磨の大典を宣布す」と明記され、改正することなど畏れ多い印象を与えた。その結果、一度の改正もなされずに敗戦後に占領軍の手によって破棄されたのである。

●天皇機関説を肯定された昭和天皇

二・二六事件で重傷を負った岡田啓介首相に代わった広田弘毅内閣は、陸海軍大臣の現役武官制を復活させたため、再び軍部の意向で内閣を倒すことができるようにしてしまった。内閣が軍事に関与できない統帥権の独立と共に、政治が軍隊を制御できない体制になってしまったのである。昭和天皇が独白録の中で表明されているが、

「東條内閣の開戦を裁可しなかったら、国内の世論は沸騰し大きなクーデターが起きたであろう」

と述懐しておられる。そんな時代の空気の中で統帥権に係わる憲法改正を天皇に進言することは、一人の議員もなし得なかったであろう。

また、当時、美濃部達吉東大教授の天皇機関説を国体に反するものとして軍部が攻撃した。しかし、天皇陛下御自身は「天皇は国家の脳髄だから機関の代わりに器官を使えば国体とは関係なく、天皇機関説でよろしい」と公言されていた。

同時に、神格天皇についても「自分は普通の人間の人体構造を持つから神ではない」とも『昭和天皇独白録』に記されている。

にもかかわらず、軍部は天皇を神格化し、同調した議会から機関説は不敬であり、国体に反するとして衆議院本会議で「国体に関する決議案」が満場一致で可決したのである。

このように天皇御自身のお言葉から推測すると、側近や周囲の政治家や、軍人の取り巻きが如何に天皇の権威を過度に創り上げ、自らの権勢に利用したか、我々は冷静に振り返ってみる必要がある。

●日本国憲法と日米安保条約

日米安保条約の前文には、「両国が国連憲章に定める個別的又は集団的自衛の固有の権利を有していることを確認し」と明記されている。

この国際条約において、一方の当事国である日本は、当然ながら「集団的自衛権」を保有している。

日米安保条約を一読する限り、日米双方にとって対等な双務条約であるかに見える。しかし、この条約第三条「自助及び相互援助」の項には、「締約国は個別的に及び相互に協力して、継続的かつ効果的な自助及び相互援助により、武力攻撃に抵抗するそれぞれの能力を、憲法上の規定に従うことを条件として、維持し発展させる」と明記されている。

この文中の「憲法上の規定に従うこと」により日本は憲法第九条に拘束され、交戦権は認められないのである。

従って日米安保条約は軍事大国米国と、憲法上交戦権が否定された日本との片務条約であり、日本が一方的に保護される保護条約である。また、第六条の「基地許与」の項で規定された地位協定の内容が日米対等ではなく、保護される日本側にとって不利な片務協定にならざるを得ないことになる。それは日本が第九条二項を奉ずる限り、日本は対等な同盟国とは看做されないからである。

対等な地位協定を得るためには、対等な相互援助が可能な憲法条項を持つことが大前提である。

もし現在の日本国憲法のままで日米安保条約を継続するならば、日本は米国の保護国の状態のままである。安保条約改定以来既に六十年近く経ってしまった。これ以上保護国体制のままでいると、国防義務を他国に依存したまま自立心の欠如した国民性が、益々醸成されることを危惧するものである。

●日本国憲法と国連憲章

国際連合憲章は昭和二十年六月、日本が降伏する約二か月前に作成され、戦後、昭和三十一年に日本国が批准し、国連加盟国になったものである。

その国連憲章の第二条原則の項目の第四項に「すべての加盟国は、その国際関係において、武力による威嚇又は武力の行使を、いかなる国の領土保全又は政治的独立に対するものも、（中略）慎まなければならない」と明記され、加盟国の武力行使を禁じている。

ただし、第七条の「平和に対する脅威、平和の破壊及び侵略に関する行動」の中の条項に

「安全保障理事会が必要と認める時は加盟国軍による軍事行動をとることができる」としている。

その場合、国連決議が採択前の非常事態に対しては第五十一条の「自衛権」が認められ、加盟国は報告の義務と共に個別的自衛権及び集団的自衛権が認められている。

ここで注意することは、国連憲章の前記の第二条四項と、日本国憲法の第九条第一項の内容の類似性である。侵略戦争を否定し平和を守るためには、この日本国憲法九条第一項だけで充分である。西修駒沢大学名誉教授の調査によると百八十二か国の憲法の内、百五十か国の憲法はこの条項を持っている。従って、日本国憲法の第九条第二項は蛇足という以上に有害な、日本が自衛権さえも保持できないようにする意図を持った作為の結果である。

その証拠に第九条第一項と同じ趣旨の国連憲章の第二条の原則が、個別的及び集団的自衛権を認めているのである。

憲法第九条の第二項条文の語句をそのまま解釈すれば、戦力としての自衛隊は憲法違反である。しかし、災害救助、治安維持活動の範囲内で交戦を伴わない後方支援などの活動ならば、自衛隊はあくまで戦力ではないという立場を戦後の日本は主張してきた。しかし、自衛隊の海外派遣でひとたび戦場に身を置けば、いつ敵弾に晒されるかわからない。武力なくしては身を護れず、交戦せざるを得ない状況に遭遇することは不可避である。

「戦力を保持しない、国の交戦権は認めない」という第九条の第二項を護れば、座して死を待つより他ないのである。

様々な詭弁を弄して空理空論を戦わせて半世紀以上の膨大な時間を浪費した国会は、もはや単純率直明快な条文に改正すべき時や今である。

案ずるより産むが易し、である。明治憲法発布して以来、約百三十年間、日本人は一度も主権国家として自国の憲法を改正したことがないのである。

●二つの憲法から学ぶこと

日本国憲法は明治憲法を改正した結果ではない。確かに日本国憲法の告文には、「帝国憲法第七十三条による帝国議会の議決を経た帝国憲法の改正を裁可し」と明記されている。

しかし、日本国憲法が、実際には占領軍司令部がつくった英作文を日本語訳したものを、国体護持を条件に日本政府に押し付けた憲法であることは、周知の史実である。

事実上、明治憲法は破棄され、日本国憲法という外見だけで実質上は占領管理法がそれに代わっただけに過ぎない。既に記したように、明治憲法はその発布勅語に明記されているように、「憲法の改正は天皇及び継統の子孫に発議権がある」のであり、第七十三条の改正要件は、天皇が発議された後の要件に過ぎない。

天皇が発議されない限り憲法の改正ができないとは、まさにその告文に記されたように「不磨の大典」であった。

伊藤博文が中心になって明治憲法を起草した新政府は、明治維新の王政復古の大号令の「神武天皇創業の根本精神に立ち返り天皇親政の政治体制を確立する」意欲が横溢していたであろうことは、百三十年近く経った現代の我々にさえ全七十六条からなる大日本帝国憲法の条文から漂ってくる。

ただ人間の哀しい性《さが》の故に、いくら優秀な人材であっても将来に起こりうるすべての可能性を想定することができなかった。

明治九（一八七六）年、明治天皇が「国憲起草を命ずる勅語」出されて以降、十三年かけて日本の国体を象徴する大日本帝国憲法が発布されたのである。

大日本帝国憲法が施行されていた明治二十三年から大正、昭和二十年までの間、「不磨の大典」と無為に奉ずるばかりではなく、真正面から憲法改正と向き合っていたら、日露戦争後から満州事変以降大東亜戦争に至るまで、多くの尊い命を失わずにすんだのではないだろうか。

戦前に「不磨の大典」に固執した結果の過ちを真摯に反省し、戦後の「日本国憲法」を「不磨の大典」と錯覚するような取り返しのつかない過ちを、二度と日本国民は繰り返してはならない。

我々日本人が真正面から向き合わねばならない史実は、「不都合を生じても根本的に憲法改正をせずに、詭弁的運用だけで事足れり、としてきた日本国民の姿勢は、戦前も戦後も寸分も変わっていない」のである。

戦前と同じような国家を破滅に導くような判断を見過ごすことを、我々は二度と繰り返してはならない。

●世界の中の日本

もう一つ大事な視点がある。

それは日本が世界に占める立ち位置を自覚せよ、ということである。

国土面積こそ世界で六十二番目であるものの、人口では世界で十番目の一億二千万人、また領海に排他的経済水域を含めると、日本は世界で六番目の大きさを有している。

世界はひと昔前と異なり、経済上であれ文化的であれ、地球上の国々の相関関係がより強くなり、相互に依存し合い、一国だけでは生存していけなくなっている。前述した日本の人口や地理的数値は、それだけでも日本の世界における存在感を表し、その上に科学技術的、文化的貢献度も加味される。

そういう国家及び国民が、一度敗戦しただけで占領軍に押し付けられた憲法をただ有り難し、と守っているだけでよいのか。

日本だけが一国平和主義を維持すれば、世界は安定した平和な地球になるのか。

それだけの国力に恵まれた国家と国民ならば、世界においてそれ相応の果たすべき責任と義務があるのではないか。

他国と対等な安全保障条約を結べないような憲法を固守していて、世界の平和に貢献できようはずがない。

第八章　日本人の信仰と国家神道

平成二十六年後半、中東のシリア内戦状態に絡んで、イスラム国と名乗る戦闘集団が報道を賑わせた。イラクの博物館が保有するメソポタミア文明の遺産や、遺跡を粉々に破壊する彼らの姿が放映された。三千年前に遡る、人類の貴重な遺産を破壊するとは、なんと野蛮な奴らだろうか、と悔しい思いを噛みしめた人は少なくなかったに相違ない。

しかし、その野蛮人たちに匹敵する悪行を、それほど遠くない過去に我々日本人も犯していたのだ、と思い起こした日本人が何人いただろうか。

幕末から明治初年にかけて、徳川幕府から大政奉還を受けた明治新政府が行なった政策の中の、一連の「神仏判然令」と呼ばれるもので、神道と仏教を分離せよ、という政策がもたらした結果である。

徳川慶喜の政権返上と将軍職辞退の申し出を受けて、慶応三（一八六七）年十二月、践祚《せんそ》されたばかりの明治天皇（当時十五歳）は「王政復古の大号令」を発令された。その中で「王政復古、諸事神武創業の始めに基づき」と表明されたように、御一新の名の通り、新国家建設が始まるのである。

翌慶応四（一八六八）年一月、京・大阪で鳥羽・伏見の戦いを端緒に戊辰戦争が始まった。同年明治元年三月十四日に五箇条の御誓文が発布されるが、その前日に、「神仏分離令」が発令された。

それと相前後して、各地で寺院を破壊し仏像・仏具を損壊、盗難する事件が相次いだ。詳細は後述するが、この種の文化遺跡・遺物破壊行為は、この時が初めてではない。十六世紀末、秀吉がカトリックのイエズス会のザビエルの布教活動を許した後、九州の大友宗麟などキリシタン大名が洗礼を受け、キリスト教布教のために城下の仏寺を破壊した。それを怒った秀吉がバテレン追放令を発したことがある。

仏教は外来宗教として、六世紀半ばに伝来した後、聖徳太子や蘇我氏らによって保護、育成された。飛鳥時代には東大寺や興福寺など大寺院も建立された。

平安時代になると空海や最澄が真言宗、天台宗の教義を中国から持ち帰り、それぞれ高野山、比叡山を修業場として発展させた。これら密教は神道と習合して、本地は仏であり、神の姿は仮のものであるという本地垂迹説《ほんじすいじゃく》を唱え、仏教と神道とが共存して、神宮寺のように同じ境内に神社と寺が同居する状態が、幕末まで続くのである。

鎌倉仏教が広がるに連れて、浄土宗、浄土真宗などが民衆や下級武士の支持を受け日蓮宗、禅宗（臨済宗、曹洞宗）も元寇の国難を経て興隆し、民衆の間に広がった。また葬式・法事が民俗行事として浸透し、庶民の間に檀家制度も確立されて仏教は民衆の生活に結びついていった。

また、浄土真宗（一向宗）のように時の政権と対立するまでに力を蓄え、僧兵を武力として保護した。信長が越前で一向一揆を討伐し、また延暦寺を焼き、高野山や興福寺に対しても厳しい政策をとった。

●小泉八雲の神道と仏教

神道は自然崇拝、祖霊信仰に基づく日本の古来の民族宗教である。一方、仏教は現世利益を求め、悩みや苦しみからの解脱を希求する民衆に応えて日本社会に浸透していった。

「神道」の本質を日本人より以上に深く理解していた小泉八雲は、アイルランド人の父親とギリシャ人の母親をもつラフィカディオ・ハーンとして四十歳を過ぎて一八九〇（明治二十三）年に日本の地を踏んだ。

その著書『心』の中で書いている。

「日本の国民性のうちに、利己的な個人主義が比較的少ないことは、この国の救いであり、日本は自国の道徳力を創造し保存した、二つの大きな宗教に感謝してよい。その一つは、自分の一家のことや自分のことを考える前に、まず天皇と国家のことを思うことを国民に教え込んだ、かの神道である。それともう一つは、悲しみに打ち勝ち、苦しみを忍び、執着するものを滅却し、憎悪するものの暴虐を、永遠の法則として甘受するように国民を鍛え上げた、かの仏教である」

更に別の書で「日本の近代における失策は、すべてみなこの国古来の倫理上の風習を必要もないのに破棄したために起ったことも明らかである」と明治新政府になって神仏分離令が発せられ廃仏毀釈にまで発展し、多くの寺院や仏像が破壊されたことを嘆いた。

また、最初の著作『知られざる日本の面影』の中で、神道に関して、「それは一般にいう宗教とは違って、先祖代々伝わる道徳的衝動、倫理的本能にまで深められた宗教である。即ち神道は〈日本の魂〉――この民族のすべての情動の源なのだ……。この国の人々の美の感覚も、芸術の才も、剛勇の炎も、忠義の赤誠《せきせい》も、信仰の至情も、すべてはこの魂の中に父祖より伝わり、無意識の本能にまで育まれたものなのだ」と記している。

小泉八雲が十五年という長くはない滞在期間に感得した、日本の「神道と仏教」は日本人の生活の根底に深く浸透していて、例えれば車の両輪の如く、一片の政府の通達くらいで揺らぐものではなかった。

●廃仏毀釈運動

由緒ある大寺に加えて各地で小さい寺が創建されるにつれて、仏教の戒律を軽視する僧侶も増え、江戸時代には女犯といって妻帯する僧侶が普通になった。

祈祷や葬祭も行なわず、僧侶も定住しない寺などを対象に、寺院整理を行なったのが、水戸光圀であった。寛文六（一六六六）年の水戸藩（徳川光圀）や岡山藩（池田光政）のように、神仏分離や寺院整理をしたり、水戸藩は天保年間にも再び廃仏運動をして、明治初頭の神仏分離政策の先駆けとなった。

水戸黄門の愛称で親しまれている徳川光圀は、大日本史の編纂などの文教政策で知られているが、水戸学の創始者であり、朱子学の合理主義思想を根底にした神仏分離などの宗教政策にも力を入れたのである。

その百六十年後の天保年間には、同じ水戸藩では徳川斉昭が中心になり、藤田東湖の廃仏思想「仏教を信ずる者は愚民なり」として、神仏習合思想に反対し、敬神廃仏思想を推進した。幕府が海防政策を打ち出してきた機会を捉えて、寺院の撞鐘や濡《ぬ》れ仏《ぼとけ》の提出を命じた。

津和野藩では幕末に社寺の整理が行なわれた。社寺の数の増加が民衆の疲弊の原因になっているとして古い神社に統合したり、寺院も本寺に統合したりするもので、神社寺院の整理であって廃仏を目的としたものではなく、葬祭の権限を寺院から神道式の神葬祭にすることが基本理念であった。津和野藩主が新政府の宗教政策の担当者になり、津和野藩の社寺改正がモデルとされた。

しかし、神仏判然令後に、隠岐、佐渡、薩摩藩、土佐藩、富山藩、松本藩などで起きた廃仏毀釈運動は、かなり強力なものであった。が、富山藩と松本藩は浄土真宗門徒の抵抗が激しく、成功例とは言えなかった。

伊勢神宮では、明治天皇の神宮参拝が決まると、神宮神領内の仏閣や仏像を取り払い、神領内から仏教追放を宣言している。日吉神社は延暦寺の境内社であるが、神仏習合の道場としては最大で、仏教色の強い神社である。分離令の布告後、神官や村民を引き連れ日吉神社に乱入し、仏像仏具などことごとく焼き捨てた。

また、奈良の興福寺は南都七大寺の一つである。七一〇年に藤原不比等の時に建立された名刹であり、近世まで繁栄した大寺である。神仏分離廃仏毀釈の流れを受けた僧侶たちはみな還俗し、神主に職を替えたのである。興福寺は春日神社と古い関係にあったため、興福寺の僧侶がみな春日神社の神職になったのである。

明治五年には、諸堂、大乗院、一乗院などが取り壊された。五重塔は当時二十五円で売却され取り壊されそうになったが、生き残ったという。また、吉野山の金峰山寺、出羽三山など全国の寺院にも被害が及んだ。

●文政十年の詔

十八世紀初頭、仁孝天皇が将軍徳川家斉に太政大臣の官位を与える旨の詔勅を下されたのが、「文政十年の詔」と呼ばれたものである。山岡荘八の作品の中で、吉田松陰の父親の杉百合之介が「この屈辱を忘れるな」と寅次郎、後の松陰に告げる情景がある。

豪奢な生活をしていた江戸城の将軍家とは対照的に、朝廷は一汁一菜の食事で凌ぐほどの困窮生活を余儀なくされていたらしい。

将軍在職四十周年の特例として、家斉に太政大臣の称号を贈ることになった。その詔勅を家斉は江戸城で座して受け取り、後日御礼言上のために京にも参内しなかった、それを不遜の極みであると、尊皇家の百合之介は悲憤慷慨するのである。因みに、仁孝天皇は後に御所内に皇族の教育所、「学習院」を開設された御方である。

また、家光の時代には「禁中並びに公家御法度」で朝廷を監視し、平安時代の平清盛と後白河法皇、承久の変における後鳥羽上皇と順徳天皇に対する鎌倉幕府の仕打ち、更に建武の中興の時の後醍醐天皇の例など、武家政権の朝廷に対する横暴な振る舞いの数々の事例は少なくない。

その故に平安時代末期の武家政権の成立以降、天皇親政の御世は数えるほどしか存在しなかった。

そのような日本の歴史を振り返って、御一新の旗印を掲げた明治新政府が、一日も早く列強との不平等条約を改正し、国際社会に正当な地位を占めるために、一君万民体制の基盤を作り上げようとしたのである。

●神社創建

新政府が神仏分離政策と並行して行なったのが、神社創建である。

建武の中興で後醍醐天皇の忠臣、楠正成を祀る湊川神社が創建された（慶応四年四月）。また、保元の乱で讃岐に流されて崩御された崇徳上皇の御霊が京に迎えられて白峰宮が造営され、明治六年には、道鏡に追われ淡路に流された淳仁天皇も白峰宮に合祀された。同年、承久の変で佐渡に流された順徳天皇、隠岐に流された後鳥羽上皇、土佐に流され土御門上皇の御霊は摂津の国、水無瀬神社に祀られた。このように悲運に倒れられた天皇の御霊を改めて京で祀ることができたのは、まさに王政復古が実現したからである。

また、神武天皇を祀る橿原神宮が奈良県に官幣大社として創建されたのが、明治二十三（一八九〇）年、信教の自由を謳った大日本帝国憲法が発布された翌年であった。因みに、橿原神宮に昭和天皇が行幸されたのは昭和十五年、皇紀二千六百年であり、また、後醍醐天皇の吉野神社、桓武天皇の平安神宮も創建され、大正に入ってからは明治神宮が創建された。

天武天皇の御世に始まった伊勢神宮の式年遷宮の儀式は、二十年ごとに行なわれる神宮の儀式であるが、朝廷の財政難のために、それもかなわない時期もあった。南北朝時代から朝廷も財政難で歴代天皇の即位の儀式さえ公式に執り行なえず、特に応仁の乱から百数十年間、神宮の内宮、外宮の式年遷宮が行なわれなかった。そんな朝廷の苦境を救ったのは、慶光院という伊勢の一寺院であった。

慶光院は室町時代の創建で臨済宗の尼寺であった。住持《じゅうじ》が何代にもわたって、神宮の宇治橋の建て替えや内宮、外宮の遷宮の資金を戦国大名に働きかけて勧進（寄付金を募ること）してきたのである。そこには寺院が積極的に神宮を支援するという神仏共存の美しい姿が窺える。だからこそ寺領三百石で江戸時代を通して朝廷、幕府に崇敬されていたのである。

ところが、寛文年間（一六六六年）、前述した水戸藩や岡山藩での神仏分離政策以降、伊勢神宮と慶光院の関係が疎遠になり、ついに明治二年、明治天皇の伊勢神宮御親拝に先だって、伊勢周辺の百余か所の寺院と共に、慶光院も廃寺とされてしまった。過った国策の結果とは言え、恩を仇で返すとはこのことである。数年後、伊勢神宮が慶光院跡を買い取り神宮司庁舎となった。

●国家神道と神道指令

敗戦後の昭和二十年十二月十五日にＧＨＱが「神道に対する覚書」（いわゆる神道指令）を発令した。その中で、「国家神道」という語句が再三使われ、国家が神道を国民に強制したかのような記述になっている。

結論を先に言えば、「国家神道」という言葉は、ＧＨＱの神道指令に使われた以後、戦後の左翼の歴史論争に頻繁に登場するようになり、それが侵略戦争の元凶だとする位置づけが多くなされてきた。

そのため現在「国家神道」という語彙がもたらす印象は、日本が明治以来、神道を国民に強制し、神社参拝を国民に義務付け、神道が日本を神の国であり、神の子孫である天皇が日本を率いて世界を制覇する、それが国家神道である、というものである。この国家神道という虚構を占領軍が作り出したのが、神道指令においてであった。

本稿の目的は、ＧＨＱの神道指令が創作した、この国家神道の妄想を打ち破り、日本国の原始宗教である神道の正しい姿を世に示すことである。

明治新政府は、西洋に追いつけ、追い越せと欧米化政策を急進する一方において、王政復古の大号令に明らかなように、神武天皇の創業に戻り古代律令制度の体制に帰るという、方向が真逆の相反する二つの政策を同時進行させる矛盾を克服しようとしていた姿勢を理解する必要がある。

明治の御一新で新政府は確かに神仏分離令の太政官布告を発令して、それまで歴史上仏教の後塵を拝してきた神道を表に掲げて、神道を日本国の国教に位置づけようとした、それは事実である。しかしながら、その試みは、幕末の慶応三（一八六七）年から始まったが、後述するように明治八年の大教院解体、十年の教部省廃止をもって挫折したのである。

●神道国教化政策とその挫折

古代律令制に倣《なら》って神祇官が太政官の上に置かれたのが明治二年七月である。しかし、祭政一致を目指す復古神道の平田学派の官吏が退き、翌年には神祇官は神祇省に格下げされ、そして教部省に再編された。

それに先立って、明治元年から二年にかけて明治天皇が伊勢神宮、熱田神宮、氷川神社などに御親拝になり、既に記したように、各地に神社が創建された。

大教宣布の詔《みことのり》は明治三年に発布され、その三年前に発令された神仏判然令の影響で、前述したように各地に仏寺の破壊や仏像仏具の損壊などが起きた。政府は、神仏分離令は仏教寺院を廃絶するものではないと表明したが、この布告は貴重な文化遺産が無残にも破壊された原因になった。

浄土真宗の島地黙雷《しまじもくらい》は長州藩との関わりから岩倉具視一行に随行して欧米を視察した一人であるが、浄土真宗寺院の長男であり仏教指導者の一人として、神仏合同の教化体制をつくる建白書を提出し、教部省大教院が設立された。

岩倉使節団の訪問先の欧米では、各国より日本のキリスト教弾圧に対して抗議を受け、不平等条約改正にあたっても信教の自由が新憲法で保障されることが前提条件となった。その結果がその後、明治二十二年に公布された大日本帝国憲法の第二十八条の信教の自由になった。

また、明治六年にはキリシタン禁制が解除され、神道の保護も緩和された。かくして真宗各派は大教院から離脱し、芝の増上寺を本部としていた大教院も明治八年には解散し、仏教各派は独自に布教することになった。ここで政府の神道国教化政策は事実上挫折したのである。

●神社は国家の祭祀

大教院解体の後、明治八年に教導職が中心となって半官半民の中央機関である神道事務局を設立し、黒住《くろずみ》教、神道修成派などが参加した。明治十三年、東京に神宮遥拝所が設けられることになり、その祭神を巡って神道事務局に問題が持ち上がった。その神殿に大国主神を祀るかどうかを巡って出雲派と伊勢派が対立し、政府の裁定に持ち込まれたが、結局、天皇の勅裁に仰がざるを得なくなったのである。

ここで政府は、今後とも神道界に内紛が繰り返されぬように、明治十五年、上級神主が布教や葬儀を行なうことを禁止する措置を取った。これを機に、神道界は祭祀に従事する神社神道と、布教や葬儀に従事する教派神道とに分化してゆく。

遡って明治四年に祭政一致を掲げる政府は、「神社は国家の宗祀」であるとして神道を政府が保護するために、神社は国家の公共のための祭祀施設であると宣言した。そして、公の神社の神官の世襲を廃止し、全国の神社の格付を行ない、皇室を祀る伊勢神宮を筆頭に、官国幣社が九十七社、以下府県社、村社、無格社に至るまで全国十二万余社（明治六年）の経費を公費で負担することにした。

しかしその後まもなく、西洋諸国に追いつくために富国強兵、殖産工業などなど多くの事業を抱えた新政府は財政難により、公費で負担するのは官国弊社までと変更を余儀なくされた。

前述したように明治十五年に政府は上級神社（官国弊社以上）には祭祀だけを行ない葬儀や布教を行なわない規則を設け、神社神道と教派神道とを別扱いにした。

もし下級神社も葬儀や布教を行なうことができなくなれば、公費で保護もされない神社は生活が困難になるのは明らかである。そこで府県社以下の神社が、神祇官を再興し、神社は国家の宗祀であることを再確認せよ、そのために、祭祀だけを行なう「神社非宗教論」を再確認するように、政府に迫ったのである。

●内村鑑三の不敬事件

憲法発布の翌年、政府が公布した教育勅語は、帝国憲法と合わせて日本国民の指針となるべく、教育の要諦として用いられた。

そんな中、明治二十四年、東京本郷の一高の教員をしていた内村鑑三が始業式の式典の中で、檀上の教育勅語の御親書に敬礼を怠ったとして、帝国議会や報道機関が大々的に報道し、内村鑑三不敬事件として内村は免職処分を受けた。

学校で教育勅語へ拝礼することは政府の指導ではなく、この時の一高の教頭の一存であったし、またこの事件に関して世間では大きな論争になったが、政府も警察も一切介入せず、自由な論争に任せたのである。

日清・日露戦争前後には特に戦勝祈願、武運長久祈願などで国民の神社参拝が盛んになったが、内村鑑三のようなキリスト教徒や異教徒は、神社に参拝することは異教の神を礼拝することだとして忌避した。政府は、国民に神社参拝を強要することは一切ない、ただ小学校で集団参拝をするのは「神社崇敬」の訓練を行なっているもので、一般国民に強制するものではない、としている。

西洋社会でも厳格な政教分離は実施されてない例が多く、ドイツで宗教改革が起きた頃、英国では十六世紀にエリザベス女王が英国国教会を確立し、国王が宗教の首長を兼ねた祭政一致体制であった。官吏は国教徒でなければならないなど、当初は異教徒であるカトリックや清教徒を迫害していた。迫害された清教徒が新天地を求めてアメリカ大陸に渡ったのも、この時代である。

しかし、明治、大正期の日本では、憲法にも信教の自由が謳われ、神社を国家が保護しても、神道以外の宗教の布教の自由が認められる限り、国家が神社神道を強制したという論理は成り立たない。ましてや一君万民の国の君主であられる天皇の宗教である神道を国家が保護するのは当然のことであり、国民に神道を強制することにはならない。

同様に、国家のために命を捧げられた人々を顕彰する神社を国家が保護するのは、至極当然のことである。ここでも、神道指令が主張する国家神道はまったくの虚像であり、現実には存在しなかったことが明白である。

●上智大学事件と神社非宗教論

昭和七年、満州事変の翌年に起きた、上智大学事件がこの宗教問題に大きな一石を投じたのである。当時、中学校以上の学校に現役将校を配属して生徒に軍事教練を施す体制ができていた。この制度は大学と私立学校においては強制ではなく申請制であった。一般国民の兵役義務は二年間であったが、大学生の場合は十か月という特典が与えられたため、多くの大学が配属将校を申請したのである。上智大学で配属将校が学生たちを引率して靖国神社に参拝したところ、数名の学生がキリスト教の信仰を理由に参拝を拒否したのである。陸軍省はこれを重大視し、上智大学への将校配属の派遣中止を申し入れた。将校の配属が中止になった上智大学は、入学志願者が激減し中途退学者が増えた結果、学生数の減少で経営難に遭遇する事態になった。時の荒木陸軍大臣は「靖国神社参拝拒否問題はキリスト教が日本の国体と相容れない証拠である」とまで公言したのである。

そこで駐日ローマ教皇使節のマレラ大司教と、東京教区長のシャンボン大司教は文部省に対して「神社参拝の公民的性格に関する公式の説明」を求め、文部省は「学生生徒児童を神社に参拝させるのは、教育上の理由に基づくものであり、神社で彼らに求められる敬礼は愛国心と忠誠とを表すものに他ならない」と回答し、カトリック側は「神社参拝は宗教行為ではない」と解釈した。

それを受けて日本カトリック教会は「カトリック者は自然法と神法をもって、忠君愛国の誠をいたすべきであって、必要とあらば、殉教する時の如き赤心をもって死地に赴くものである。また君国のため一命を致せる人々を敬うことにおいても、カトリック者は他宗教徒に優るとも劣るものではない」と公式に表明し、事態は収束に向かった。それを受けてバチカンの教皇庁は「祖国愛の表現に対して寛大な包容力を持つこと」を指針としたのである。

ここで明治十五年に政府が打ち出した「神社非宗教論」が再確認された形になり、神社に参拝することは宗教行為ではないとして、教育行政へ軍部が介入する形になり、満州事変、日中戦争へと戦時体制が進展していったのである。

●国民精神総動員運動

昭和十三年には政府は国民精神総動員運動を開始し、職員や従業員が神社に集団参拝することが奨励された。そして昭和十五年には宗教団体法が施行され、神社参拝を拒否する宗教団体や宗教教師は処罰されることになった。

しかし、国民個人は従来通り神社参拝は道徳的義務ではあっても法的には拘束されなかった。当時は戦時体制に入る時期で、銃後の護りを固める婦女子も動員される中、戦争に勝つためには思想統制も一時期としては、止むを得なかったと考えられる。

日露戦争以後に政府は教師や僧侶の従軍を認めたが、神社の神職は神社非宗教論のため布教と葬儀が禁じられており、従軍は認められなかった。昭和十四年に従軍が許されたが、結局、敗戦までに従軍した神職は二人だけであったという。戦地で朝鮮半島でも神社よりも仏教寺院の数が多く、戦地では主に、浄土真宗の本願寺派の僧侶たちが在留邦人や、将兵の戦地慰問や戦時救済に当たった。

前掲の島地黙雷はその著『軍人法話』の中で「浄土真宗こそ軍隊にふさわしい教えである。なぜなら、生きているときは忠良なる臣民となり、死しては極楽往生できる道を説いているからである」としている。歴史上、一向宗門徒や、いかめしい僧兵たちが戦国武将を敵にした戦闘的な武装集団であったことを思い起こせば、その法話も納得がゆく。

●神道の平和主義

そもそも、過去約五百年間、欧米諸国にはキリスト教宣教師を先頭にして、布教を名目に世界中の植民地を侵略してきた歴史がある。連合国はキリスト教と同じ土俵に神道を引き込みたいだろうが、そうはいかない。

まず、神道指令が無視していることは、明治十五年に日本政府が神道を神社神道と教派神道に分け、神社神道は祭祀だけに限定し、布教と葬儀に係わることを禁止した史実である。布教を禁止された神社神道が国家神道として海外に侵略できるはずがないのである。前述したように、敗戦まで従軍した神道の神職が二名だけであった、というのも、神道の平和主義を物語っている。

布教を禁止された神社神道が侵略の手先になり得るはずがない。それだけで神道指令の論旨は破綻しているのである。昭和十五年の宗教団体法にせよ、神道以外の宗教徒でも同じ国民が日本国を守って戦おうという意識を共有するのは当然であろう。

教派神道は信者獲得のために布教活動を許されており、神道指令において禁止の対象になってはいない。一方、神社神道は伊勢神宮をはじめとして全国八百万の神々を祀り、国家のために尽力された人々を顕彰し、祭祀を執り行なう神社でもある。宮中祭祀もその中に当然含まれるが、神道指令では皇室神道には言及していない。

以上より、神社神道を国家神道として位置づけ、皇室と神道を侵略戦争の担い手とする「軍国主義的過激なる国家主義的イデオロギー」という神道指令が多用するこの語句は、あからさまな牽強付会《けんきょうふかい》であることがわかる。

彼らの目的は、神道と皇室を国民から分離させるために、「神道と天皇が侵略戦争の元凶」だという虚構を日本国民に刷り込むためであった。

我々日本人は占領軍の流布した迷妄に惑わされることなく、皇室と神道、そして仏教に支えられた日本の伝統文化に誇りを持ち、子孫に継承する使命がある。

第九章　明治日本の復元力—教育勅語など

●復元力を失った戦後日本

一八九九（明治三十二）年に新渡戸稲造が、病気療養中の米国で著述した『武士道』の冒頭で書いている。

——その十年ほど前、ベルギーの法学大家のド・ラヴレー氏の下で滞在中のある日の散歩途上、話題が宗教に及び、ラヴレー氏が「貴国の学校には宗教教育がない、とおっしゃるのですか」と問われ、私が「ありません」と答えるや、氏は驚いて立ち止まり「宗教なくして、どうして道徳教育を授けるのですか」と繰り返して聞かれた声を容易に忘れ得ない——。

と『武士道』を英文で著した動機を述べている。

言うまでもなくキリスト教国も、イスラム教国もその子弟には幼少の頃から宗教教育を施し、固有の宗教が自分たちの日常生活と密接に結びついている。

それに対して日本では主な宗教として神道と仏教があげられるが、一般人の場合、冠婚葬祭や祖先崇拝の場以外ではほとんど宗教との関わりが少ないし、神棚や仏壇を備える家庭も最近は減少してきている。ましてや宗教教育も一般の学校では行なわれてきてはいない。キリスト教や回教が生活と密着している国の人々から見れば、そういう日本人は奇異に映るだろう。

しかし、第八章の小泉八雲の『日本人の神道と仏教』に見られるような日本人の潜在的な宗教性には日本人自身も気が付かない。

新渡戸稲造は諸外国での宗教教育によるものが日本では「武士道」であると示唆した、この著書が刊行された九年前に「教育勅語」が公布され、全国の学校では教育の要諦として活かされた頃である。

教育勅語は全国の学校に普及し始めて間もない頃であり、その七百年以上前に武士階級が勃興して以来、蓄積されてきた武士道の価値観は、明治の軍人勅諭や教育勅語などとして部分的に再構成され、軍人や一般国民にも共有されるに至ったが、その淵源はあくまで武士道にあるとして、新渡戸稲造はこの書を著《あらわ》したに違いない。

その後、学校教育では教育勅語を具体的に説明した修身の教科書が用いられた。

●教育勅語ができた時代背景

王政復古の大号令が明治元年の前年十二月に発令され、三か月後には五箇条の御誓文が明治新政府により発布された。

神武天皇創業の精神に立ち返り、古代の律令制度に戻るということで、神祇官が太政官の上に設置された。

しかし、西洋化の推進と共に、ほどなく神祇省に格下げされ、更に教部省に、それも十年を経ずして解体された。これは明治六年にキリスト教が解禁され、後の大日本帝国憲法では「信教の自由」が明記される方向性に沿ったものであった。

明治新政府は明治四(一八七一)年に、欧米の国情視察のために岩倉具視を代表とする大使節団を一年半にわたり派遣した。この使節団には政府中心人物の半数の他、青年、女子留学生が同行し、驚愕するほどの西洋文明に直接触れて帰国したのである。その状況が書物などによって流布されるや、優れた欧米の制度や科学技術に魅了される国民が増えていった。

明治初頭、西周《あまね》、加藤弘之ら洋学者が天皇にご進講する侍読《じどく》に用いられ、官民あげて西洋化を歓迎、推進する中で、一般庶民の間でも日本の歴史上の人物よりも西洋の偉人を尊敬したり、学校教育でも英語をはじめとする西洋文明に憧れるあまり、日本古来の伝統文化をないがしろにする風潮が広がった。

教育界も世の中の急激な西洋化の流れについてゆけず、教科書や教員の現場にも混乱が生じた。

このような明治初頭以来の西洋崇拝傾向が顕著になるつれ、明治十一年、明治維新の三傑、木戸、西郷、大久保の相次ぐ死去を機に、天皇側近は危機感を覚え、天皇の直接政治主導を請願した。

十五歳であられた維新時と異なり、この時期成熟された明治天皇による天皇親政が開始され日本古来の政道に戻る。

これは基より「王政復古の大号令」に示された方針に符号するものであった。五箇条の御誓文第一条で「広く会議を興し、萬機公論に決すべし」と立憲政治の確立を謳っているように、自由民権運動が始まり、一八七四（明治五）年、板垣退助らが民選議院（国会）設立の建白書を政府に提出した。

政府は国会期成同盟を結成した、一八八一年より十年後に国会を開設することを約したのである。

国会開設に先立ち憲法を制定するため憲法草案作成が政府をはじめ、民間有志の間でも進められた。

一八八三（明治一六）年、不平等条約改正を念頭に、文明開化を進めるため鹿鳴館を建て、政府高官が西洋化の先頭に立つこの頃が西洋化の最盛期であった。

制定中の民法なども含めて、西洋風でなければ不平等条約改正に西洋諸国が応じようとしない側面があったことは否めない。

自由民権運動の高まりと西洋化の推進の中で、近衛兵が脱走し軍が政治活動に関与する動きが察知されたため、山県有朋は軍制改革の必要性から軍人勅諭を起草した。明治十五

（一八八二）年一月に公布された軍人勅諭は、兵制改革で兵馬の大権を天皇が統率するにあたり、陸海軍軍人に期待する五箇条の精神を簡潔に著したものである。その中で、「軍人は、忠節を尽くし、礼儀を正し、武勇を尊び、信義を重んじ、質素を旨とする」

この五箇条を毎日の軍事教練で復唱することにより、勇敢で規律ある軍人の養成の基盤となった。

『明治二十三年定期報第一期摘録』の青森県警報告によると、世情の不安から、上白米四斗入り一俵の平均価格が、明治二十一（一八八八）年の一円九十銭、二十二（一八八九）年の三円二十銭、そして二十三（一八九〇）年には四円十銭と二年間で二倍以上に跳ね上がった。

そのため一八八九年には、二年続きの凶作でコメをめぐる一揆や米騒動が各地で頻発した。米価騰貴による庶民の暴動が頻発、教育勅語が公布される四か月前の明治二十三年七月、佐渡相川などで人民蜂起が発生し、各地で社会不安が広がった。

また、明治二十二（一八八九）年、憲法発布の当日の朝、文部大臣森有礼が自宅で暴漢に刺殺されるという事件が起きた。

森は日本語を廃し英語を国語にせよ、と主唱した極端な西洋崇拝者で伊勢神宮参拝の際、不敬の行為があった、との理由という。

このような経済的困窮や、社会の混乱から生ずる国民の社会的不安が、行き過ぎた西洋化によるものと判断した政府は、社会の平安と民心の安寧を図り、教育勅語を明治二十三年十月に発布したのである。

幕末・明治維新のような社会の大変革に際しては、社会不安と混乱が増大する。世の中が不安と混乱の様相を帯びてきた、その時代に応じて、国民を叱咤激励するために檄を飛ばされる君主、新国家建設に当たっての明治大帝の大御心と強い指導力が感じられる。

明治四十一年十月に公布された戊申《ぼしん》詔書もまた、日露戦争が勝利したとはいえ、賠償交渉に対する国民の不満や社会の疲弊が社会不安を煽っていた中で、国民に対して「気を引き締めて、維新の大業を引き継いでゆくよう」訴えたものである。

一般大衆は、国際的、民主的、進歩的などという表面的美辞麗句の形容詞に騙されやすく、反対に古来の慣習、伝統文化を古いというだけで捨て去りやすい。

我々が歴史をつくる中で大事なことは「変えるべきものと変えてはならない、守り続けるものを峻別する」ことである。

たとえば、明治元年三月十四日に新政府が発表した「五箇条の御誓文」は御一新の政治理念を表し、新国家建設の基本方針であった。故渡部昇一先生が指摘されたように、第四条の「旧来の陋習《ろうしゅう》を破り、天地の公道に基づくべし」において「伝統文化と道徳尊重」の表現が欠けていたために、多くの国民は「古きよきもの」も旧来の陋習として捨て去り、西洋化一辺倒になってしまった。

結局、旧来の陋習と守るべきものとの峻別ができなかった。

そのような世間の風潮を憂慮された明治天皇が、国民に示されたのが「教育勅語」であった。

●「教育勅語」の真意

現在に至るまで「教育勅語」に対しては、賛否両論数多くある。

反対論の主なものは、「天皇のために死ね、という軍国主義思想」だというものである。

わずか三百五字の教育勅語を虚心坦懐に素直に読めば、「道義を重んじ、身を修めて公共のために貢献して、祖先が築き上げてきた我が国の伝統的な美風を磨いていくよう、私と共に努めていきましょう」と天皇御自身の国民への呼び掛けであって、反対論者のいうような、天皇の絶対命令では決してないことは、文末の「コイネガフ」の一句でも明らかである。

天皇が国民に「請い、願って」おられる。

正確な名称は「教育に関する勅語」だが、起草者の意図は、軍人勅諭のような他の政治的な勅語と同様であってはならず、国民に対して権力をもって強いるものでなく、君主の著作の一端であるべきだ、というものであった。

その意図通りに、公布された「教育勅語」の文末には、天皇陛下の御名御璽《ぎょめいぎょじ》が押されただけで、他の詔勅に見られる大臣の副署はなかった。

更に起草者井上毅が心掛けたのは、「宗教的に偏らず、西洋風に流されず、漢学調も過ぎない、我が国の悠遠な伝統の薫を漂わすもの」であった。

井上毅が起草し、天皇に帝王学を教えた儒学者の元田永孚《もとだながざね》との頻繁なやりとりの中で推敲された最終案が内閣を経て天皇に上奏された。

公布された教育勅語は、前述した新渡戸稲造、金子堅太郎など当時の知識層を代表する十人ほどが検討、英訳し、各国に配布して好評を博した。教育勅語に盛られている「孝」「和」「信」など十四の徳目は日本古来の価値観であり、洋の古今・東西、宗教・民族を問わず、人間の普遍的価値観であると認識されており、戦後の歴代総理大臣の多くも、その内容を評価している。

●戦後、教育勅語が国会で排除決議された時代背景

昭和二十三年六月十九日に衆参両院で教育勅語の排除／失効確認決議に至るまでの流れを見てみよう。

終戦直後、八月三十日にマッカーサーが厚木飛行場に降り立って以降、降伏文書の署名の日に陸海軍解体、軍需工業停止命令をはじめ、様々な命令が発せられた中に、十月四日「政治・信教並びに民権の自由に対する制限の撤廃に関する覚書」があった。その内容は、治安維持法をはじめ国防、軍事、宗教に関する法令の撤廃、政治犯の釈放があり、天皇や皇室に関しての自由な討議の制限の撤廃があった。具体的には、天皇皇室をいくら批判しても、戦前のように不敬罪にはならないということである。その結果、巷に天皇を罵倒する狂歌や落

首が面白おかしく喧伝され、皇室を尊崇する多くの国民を不快にさせた。

翌昭和二十一年一月、軍国主義者らの公職追放、二月にはマッカーサーが憲法草案を政府に手交し、四月十七日に憲法草案を公表した。

それを見た国民の多くが、戦時中の統制経済の苦しい生活から解放された安堵感から転じて喜びに沸いたと伝えられる。その高揚した気分が五月一日の戦後初のメーデーに沸騰した。戦前の治安維持法によりメーデーが禁止されて以来、十年ぶりのメーデーであった。

米国から取材に訪れた記者マーク・ゲインによると、会場の皇居前広場は人の波に埋め尽くされ街路まで溢れていた。六十万人の労働者を集めたと言われる。多くの演説の後、最後に演説した日本共産党の徳田球一が両手の拳を振り上げて「天皇を打倒しろ！」と叫び、群衆の歓呼が起きた（昭和日本史9『占領下の時代』暁教育図書）。

その後の共産党の発展は昭和二十年、千名で再出発した党員が、四年後の昭和二十四年には登録党員だけで九万四千名、国会議席は五議席から三十五議席にまで拡大した。

そういう中で、昭和二十一年十一月に新憲法が発布され、翌二十二年五月施行、戦後初めての総選挙が二十一年四月に行なわれ第一次吉田茂内閣が成立する。その三か月前の一月には、ＧＨＱ指令により軍国主義者らの公職追放が行なわれており、この内閣及び国会にはＧＨＱの意のままになる人材が揃っていたことは想像に難くない。

教育勅語の排除・失効確認の審議をしたのは、昭和二十三年六月、新憲法の下で国民に選ばれた国会で、羽仁五郎参議院議員が「教育勅語に述べられておる内容には、内容的には反対する必要がないものもあるというお考えもありましたが、そういう点に問題があるのではなくて、たとえ完全なる真理を述べておろうとも、それが君主の命令によって強制されたという処に大きな間違いがある」とし、多くの議員が賛同した（『教育勅語の研究』岩本努著　民衆社刊）。

この羽仁五郎の発言こそ、教育勅語を頑なに非難する側の本性を現したものである。教育勅語の内容如何ではなく、いくら良くとも天皇が下賜したものには反対だと言っているのである。

羽仁五郎はマルクス主義歴史学者で昭和二十二年、参議院議員に当選し、九年間革新派無所属議員を務めた。治安維持法違反により過去二度検挙され、敗戦直前に北京で検挙された時は十月の治安維持法廃止で釈放された。

一九七二年のあさま山荘事件では「正義は虐げられているもの、少数の側にある」と連合赤軍を擁護してきた。国家権力を生涯敵視してきた活動家であった。

占領軍は当初、「教育勅語」を温存し、教育基本法と並存させるつもりであった。が、民政局次長のケーデイスが国会に直接、排除するよう働きかけたのは、彼の右腕の共産党員でカナダ人外交官、ハーバート・ノーマンの強い進言によるもので、ノーマンの日本史の教師であったのが、この羽仁五郎であった。間接的に羽仁五郎が教育勅語の排除をＧＨＱに働きかけたのである。

教育勅語は前述したように、大臣の副著がない。従って政府発行の政令ではなくして、明治天皇御自身の著作品である。天皇が憲法に拘束される以上、天皇御自身の所有物を、正統な理由なくして国会といえども排除することはできない。

従って手続き上、衆参両院での教育勅語の排除決議及び失効確認は無効である。よって今に至るまで明治大帝の教育勅語は有効である。

●反日本的思想を広げる人々

中学生向きの『梅原猛の授業　道徳』（朝日新聞社刊）を著した哲学者、梅原猛氏は平成十四年十一月十七日の朝日新聞への寄稿文の中で書いている。

「教育勅語の精神は、結局天皇を唯一の神として、そのために死ぬことを根本道徳とし、一切の道徳をこの根本道徳に従属させる精神であった」

教育勅語のたった三百五字の短い文章を何回読んでも、梅原氏の解釈を理解しかねるが、この解釈で中学生に道徳の授業を教えるのは大きな過ちを招く。

また評論家立花隆氏は、文春文庫『天皇と東大』の中で、「明治時代後半から昭和二十年頃までの日本は、今の北朝鮮以上に異様な国家であった。天皇は現人神で、神の末裔であると教えこまれ、あの戦争で多くの兵士が天皇のために命を捧げた」として、「戦前の小学校の歴史教科書が天孫降臨の神話を掲載しているが、明治時代前半以前には、神話は神代として歴史とは区別されている」と、更に江戸時代の山片蟠桃《やまがたばんとう》を引き合いに出し、神話に対しての違和感を書いている。

以上、教育勅語に否定的な、著名な三氏の意見を引用したが、結局は「日本は神道と皇室に依って立つ国である」ことを認めない人々である。「教育勅語」の内容の善し悪しではなくして、それを発令した天皇に反発しているに過ぎない。当初から「神道と皇室」に対して好悪愛憎の感情が先行しており、理屈や理論は後からいくらでも付けられる。

教育勅語反対論は、所詮、根のない感情論に過ぎない。

国家権力に対しての健全な批判精神は必要だが、国体変革主義勢力に与《くみ》するような言論は容認できない。

●戦後復興の原動力となった「教育勅語」

我々が常に監視を怠ってはならないのは、日本の国体を覆そうとする国内外の勢力である。それは外国と通じ、暴力革命を起こして皇室を解体し、日本の伝統文化を破壊しようとする勢力である。現在の日本は、民主主義という名のもとに、そんな反国家的な勢力が合法的に活動できる世の中である。

そんな勢力にとっては、「軍人勅諭」や「教育勅語」のように日本の伝統文化を重んじ、国体を強化する施策には、当然ながら許容できようはずがない。

平成十一年の国旗国歌法制定にあたって、「国旗・国歌は軍国主義の手先」だと批判したり、「愛国心」に対して異常な反応を示してきた手合いである。

この勢力の特徴は、常に民衆の側にあり弱者の味方であるかのように振る舞い、民主主義という隠れ蓑を最大限利用し、美辞麗句、甘言をもって大衆を洗脳する。敗戦後のような混乱時期には、特に政府に対する民衆の不満を利用して煽動し、前述したように、短期間に国会の議席数を飛躍的に増大させたことでも明らかである。

第一次世界大戦中に起きたロシア革命、その後にできたコミンテルン（国際共産主義）、更にそこから「日本の国体変革」の指令を受けた日本共産党などの共産主義勢力の台頭が、明治日本を復元させた原動力となった「教育勅語」の精神を、戦後は排除させ、現在に至るまで、その精神を受け入れられない状況を産み出した元凶である。

戦後の「民主化」は占領軍が意図的に思想統制した結果であったが、明治初頭の「文明開化」は、日本政府が王政復古のための施策より以上に、無防備に西洋化を進めた結果の弊害であった。

「明治の文明開化」は教育勅語がつくられる大きな要因となり、「戦後の民主化」は皮肉なことに教育勅語が排除される一大要因になった。

明治後半生まれの、我々（筆者たち）の親の世代から大正時代末期までの、「教育勅語」によって育まれた世代の人々こそ、日露戦争から大東亜戦争までを戦い、戦後の廃墟の中から日本を復興した原動力となった人々である。

戦後の日本は、過度の西洋化に歯止めをかけた教育勅語などに対する政府の政策が、自力で日本の国体を復元させ得た明治時代後半に、大きく後れをとっている。

占領軍の圧力下とはいえ、日本弱体化政策に拍車をかけて教育勅語を排除した結果、戦後日本人の精神の空洞化を招き、いまだにその空隙《くうげき》を埋められずにいる。

前記の教育勅語の本文とその口語文訳を次頁に記す。

教育に関する勅語

朕《チン》惟フ《オモウ》ニ我カ《ワガ》皇祖《コウソ》皇宗《コウソウ》國《クニ》ヲ肇《ハジ》ムルコト宏遠《コウエン》ニ徳《トク》ヲ樹《タ》ツルコト深厚《シンコウ》ナリ我カ《ワガ》臣民《シンミン》克《ヨ》ク忠《チュウ》ニ克《ヨ》ク孝《コウ》ニ億兆《オクチョウ》心《ココロ》ヲ一《イツ》ニシテ世世《ヨヨ》厥《ソ》ノ美《ビ》ヲ濟《ナ》セルハ此《コ》レ我カ《ワガ》國體《コクタイ》ノ精華《セイカ》ニシテ教育《キョウイク》ノ淵源《エンゲン》亦《マタ》實《ジツ》ニ此《ココ》ニ存《ソン》ス爾《ナンジ》臣民《シンミン》父母《フボ》ニ孝《コウ》ニ兄弟《ケイテイ》ニ友《ユウ》ニ夫婦《フウフ》相和《アイワ》シ朋友《ホウユウ》相信《アイシン》シ恭儉《キョウケン》己《オノ》レヲ持《ジ》シ博愛衆《ハクアイシュウ》ニ及ホ《オヨボ》シ學《ガク》ヲ修《オサ》メ業《ギョウ》ヲ習ヒ《ナライ》以《モッ》テ智能《チノウ》ヲ啓發《ケイハツ》シ徳器《トクキ》ヲ成就《ジョウジュ》シ進テ《ススンデ》公益《コウエキ》ヲ廣《ヒロ》メ世務《セイム》ヲ開《ヒラ》キ常《ツネ》ニ國憲《コクケン》ヲ重シ《オモンジ》國法《コクホウ》ニ遵ヒ《シタガイ》一旦《イッタン》緩急《カンキュウ》アレハ《バ》義勇《ギユウ》公

ニ奉《ホウ》シ《ジ》以《モッ》テ天壌《テンジョウ》無窮《ムキュウ》ノ皇運《コウウン》ヲ扶翼《フヨク》スヘ《ベ》シ是《カク》ノ如《ゴト》キ
ハ獨《ヒト》リ朕《チン》カ《ガ》忠良《チュウリョウ》ノ臣民《シンミン》タルノミナラス《ズ》又《マタ》以《モッ》テ爾祖《ナンジソ》
先《セン》ノ遺風《イフウ》ヲ顕彰《ケンショウ》スルニ足《タ》ラン
斯《コ》ノ道《ミチ》ハ實《ジツ》ニ我《ワ》カ《ガ》皇祖《コウソ》皇宗《コウソウ》ノ遺訓《イクン》ニシテ子孫臣民《シソンシンミン》ノ
倶《トモ》ニ遵守《ジュンシュ》スヘ《ベ》キ所《トコロ》之《コレ》ヲ古今《ココン》ニ通《ツウ》シ《ジ》テ謬《アヤマ》ラス《ズ》之《コレ》ヲ中《チュウ》
外《ガイ》ニ施《ホドコ》シテ悖《モト》ラス《ズ》朕《チン》爾臣民《ナンジシンミン》ト倶《トモ》ニ拳拳服膺《ケンケンフクヨウ》シテ咸《ミナ》
其徳《ソノトク》ヲ一《イツ》ニセンコトヲ庶幾《コイネガ》フ《ウ》

明治二十三年十月三十日

御《ギョ》名《メイ》　御《ギョ》璽《ジ》

教育勅語の口語文訳

私は、私たちの祖先が、遠大な理想のもとに、道義国家をめざして、日本の国をお始めになったものと信じます。そして、国民は忠孝両全の道を完《まっと》うして、全国民が心を合わせて努力した結果、今日に至るまで、美事な成果をあげて参りましたことは、もとより日本のすぐれた国柄の賜物といわねばなりませんが、私は教育の根本もまた、道義立国の達成にあると信じます。

国民の皆さんは、子は親に孝養をつくし、兄弟、姉妹はたがいに力を合わせて助け合い、夫婦は仲むつまじく解け合い、友人は胸襟を開いて信じ合い、そして自分の言動をつつしみ、すべての人々に愛の手をさしのべ、学問を怠らず、職業に専念し、知識を養い、人格をみがき、さらに進んで、社会公共のために貢献し、また法律や、秩序を守ることはもちろんのこと、非常事態の発生の場合は、真心をささげて、国の平和と、安全に奉仕しなければなりません。そして、これらのことは、善良な国民としての当然のつとめであるばかりでなく、また、私たちの祖先が、今日まで身をもって示し残された伝統的美風を、さらにいっそう明らかにすることでもあります。

このような国民の歩むべき道は、祖先の教訓として、私たち子孫の守らなければならないところであると共に、この教えは、昔も今も変わらぬ正しい道であり、また日本ばかりでなく、外国で行なっても、まちがいのない道でありますから、私もまた国民の皆さんと共に、父祖の教えを胸に抱いて、立派な日本人になるように、心から念願するものであります。

—国民道徳教会訳文による—

第十章　国語をないがしろにした近代日本

万葉集にある山上憶良の長歌の一節に、大和の国は、

「皇神《すめらかみ》の厳《いつく》しき国　言霊《ことだま》の幸はふ国」

とあるように、言葉には魂が宿ると古《いにしえ》より信じられてきた。

地球の西側では、十九世紀初頭、ナポレオンに征服されたプロシャで打ちひしがれた民衆に向かって、哲学者フィヒテが「ドイツ国民に告ぐ」と題した度重なる講演で民衆を叱咤激励し続けた。その結果、数十年後にはビスマルク率いるドイツ帝国が蘇った。

そのフィヒテの信念は「人間が言葉を造るよりも、言葉が人間を造る」であった。

洋の東西を問わず、言葉の持つ重みは変わらない。

その日本人の言霊、魂である国語を、いとも軽薄に廃棄しようとした、痛恨の歴史がわが国の近代史に残されている。

その一つが明治初期にある。

●明治初期の日本

ここに一冊の書物がある。『ベルツの日記』の著者エルウィン・ベルツは明治初期の日本に官費による、いわゆる雇われ外国人である。ドイツ人のベルツは母国で医師免許を取得した後、大学病院に在職中、日本人患者との偶然の出会いから、東京医学校（後の東大医学部）の内科医学教授として招かれることになった。

明治九年六月に来日したベルツが、十月末に書き留めた日記に次のような記述がある。

――なんと不思議なことには、現代の日本人は自分自身の過去については、もう何も知りたくはないのです。それどころか、教養ある人たちはそれを恥じてさえいます。「いや、なにもかもすっかり野蛮なものでした」と私に言明した者があるかと思うと、またある者は私が日本の歴史について質問した時、きっぱりと「我々には歴史はありません。我々の歴史は今からやっと始まるのです」と断言しました――。

ベルツがこれらの声を聴いてから十三年後の明治二十二年二月十一日、大日本帝国憲法が発布される日の朝、その式典に参列するため、官邸を出ようとしていた森有礼初代文部大臣が暴漢に刺殺された。

その理由は、森大臣が前年伊勢神宮に参拝した時に、神宮及び皇室に対する不敬があったからだとするが、その背景には、森は極端な欧米崇拝主義者だったことにある。森は米国、英国に長く留学し、キリスト教に改宗し、「日本語を廃止して英語を国語にせよ」と主張した。またキリスト教を日本社会に導入し、日本の不道徳な風俗習慣を改善すべし、を持論としていた。

明治天皇は「森が文部大臣で大丈夫か」と憂慮されていて、愛国者や国粋主義者からも毛嫌いされていた森が襲われた遭難事件の後、犯人の西野はその場で警官に刺殺されたが、犯人に多くの同情が集まったことをベルツは非難している（『ベルツの日記』岩波文庫）。

森のような極端な西洋かぶれには反感を持つ民衆が多かったが、一方において先に引用したベルツの日記に登場する日本人も、少なからず存在したことが窺える。

自分の歴史を否定する日本人も、英語を公用語にせよという大臣も、西洋文化に屈服し、日本人であることを止めたことに他ならない。彼らは先人が漢字を導入した当初は、万葉仮名のように漢語を音読みで仮名として使用しつつ、訓読みを創造することによって見事に和語化し、日本語の国語として定着させてきた先人の努力に、思い至らなかったのである。

同様なことは、昭和の終戦後にも起きた。

「ザンギリ頭を叩いてみれば、文明開化の音がする」と明治期に歌われた、この「文明開化」という言葉自体に「日本のそれまでの文明は西洋に比べて劣ったものだ」という先入観が垣間見える。ベルツの日記に見らるように西洋文明に打ちひしがれた日本人の姿は、敗戦後の日本人に酷似している。

我々が小学校の低学年で先生から教えられたことは、次のようなことである。

――日本の家屋は小さくてウサギ小屋だ。西洋の家は垣根もなく広々としている。日本語は敬語や謙譲語が多く、それがない英語より劣っている。曰く、日本人には宗教心がない。日本の道路は凸凹だらけで世界で一番悪い。年賀状や暑中見舞いは虚礼だから廃止せよ――。

このように自国の文化を卑下し、西洋を崇拝した教師たちの言葉は、今でこそ論破できるが、小学生の頭では、そうか、そんなものかと聞く他なかった。

●敗戦後被占領下の日本

昭和二十一年四月、米国教育使節団が「日本の教育に関する報告書」を発表した。その中の、六三制の採用、教育委員会の新設、ＰＴＡの設置などは（善し悪しは別にして）、現在に至るまで戦後日本の教育の基本になっている。また、報告書の中には「国語のローマ字化」が盛り込まれていた。ＧＨＱの民間情報教育局にロバート・ホールという言語学が専門の大学教授がおり、「日本人の知的水準を引き上げるためには、ローマ字の大衆化は必要だ」という極端な信念の持主であった。

その実、彼はただ日本語を彼らが読めるようにするためにローマ字化を主張したに過ぎない。因みにベトナムでは、一九四〇年に日本軍がフランス領インドシナに進駐するまでの約八十年間のフランス占領下で、漢字が廃止されベトナム語がローマ字化された。

このホールが文部省に圧力をかけ、国語関係者に自説を説いて廻ったため、ホールに迎合する日本人が出てきた。物理学者の田中館愛橘《たなかだてあいきつ》は明治時代からのローマ字論者で、国語審議会に「ローマ字を国字にせよ」と申し入れている。日本ローマ字会、カナ文字会という団体の動きは更に極端で漢字を全廃して、ローマ字、カナ文字の普及を図るというものであった。

前年の敗戦の年に既に『読売報知』新聞が社説で、「国民の知的水準を高めて文化国家を築くにはローマ字を採用しなければならない」と主張していた（昭和日本史『占領下の時代』暁教育図書）。

ＧＨＱの命令を受けて国語審議会の漢字主査委員会は、千二百九十五字の「常用漢字表」を決めた。漢字かな混じり文を前面に立てたものではあったが、前提としては、国語のローマ字化を推し進めるための漢字制限であった。この常用漢字表は国語審議会の反対に遭い、現行の「当用漢字表千八百五十字」が決まり告示された。

当用漢字表と現代仮名遣いが採用された後、国語審議会の中では、国語ローマ字化に賛同する委員が増えていき、その動きが加速された。

漢字に誇りを持つべき国語審議会の委員たちが、ＧＨＱの国語蔑視に同調して漢字を使用することに劣等感を感じていたとは信じがたいことである。

漢字の読み書きもできない米国の教育使節団が、何ひとつ学問的根拠もない「ローマ字より漢字が劣る」ことを理由に日本政府に命令し、新聞社や官庁関係者までがそれに同調するという漢字の危機があったわけである。

ローマ字化運動は当然ながら文学者たちの猛烈な反対に遭い、占領期が終わるにつれて正気を取り戻した政府の国語ローマ字化運動も終焉したのである。

我が国と同様に漢字を使ってきた隣国の取り組みも他山の石としたい。

●韓国での漢字廃止

一九四八年に大韓民国が成立当初、公用文はすべてハングル文字で書くべしとの法律が制定された。

日本に併合されて以降、日本製の漢字が多用されてきた朝鮮半島で、日本の敗戦に合わせて日本による影響をいち早く脱するために執られた民族的国語政策であった。

日本に帰化した呉善花さんによると、実際に韓国の学校教育で漢字廃止・ハングル専用政策がとられたのは一九六八年春からである。だから呉善花さんは小学校の四年から二か年しか漢字を学ぶ機会がなかった。

それまでは日本語のかなと漢字交じり文と同様に、韓国でも漢字とハングル交じり文を常用していたものを、ある日突然に漢字の使用を禁止し、ハングル文字専用にしたのである。

それがいかに無謀なことか、日本人がある日、漢字の使用を禁じられて、かな文字だけで文章の読み書きを行なうことを想像するだけでわかる。

朝鮮半島では漢語が導入されて外来語としてそのまま取り入れたが、十五世紀に漢字の読み書きできない一般民衆のためにハングルがつくられた。しかし漢字を重んずる高級官僚や知識人はハングルを排斥したため、一般民衆の間には普及しなかった。日本統治時代になって漢字ハングル混じり文が広く用いられるようになった。だから、ハングル専用文で教育された若者たちは、漢字で書かれた自国の文献を読むことができない。

漢字は表意文字だから、漢字語を一見するだけで意味がわかるが、仮名は文脈の中から文意にふさわしい漢字に変換するという作業が、余分に必要になる。

同音異語が多い場合はなおさらである。

漢字のない不便さを体験した約三十年後の金大中政権は一九九九年に、大統領が「漢字復活」を政策に掲げたものの、国民によるアンケート調査の結果では、漢字復活反対が七十％にも上ったのである。

呉善花氏によると、漢字廃止によって戦後、韓国の若者たちの知的荒廃が進み、読書離れが進んだという。

また、同氏は韓国語には漢字の訓読みがないから、固有語に相当する漢字に圧倒されて、韓国語の固有語が死語になってしまった例が少なくない、その上、英語をカタカナ語にしたものは訓読みがないから、英語を多用すると日本語の固有語も、カタカナ語に圧倒されて死語になる恐れがあると警告している（呉善花『漢字廃止で韓国で何が起きたか』ＰＨＰ）。

日本語に固有語がある場合は極力、日本語を使うべきではないか。

日本語の単語が存在するのに、敢えて外国語を使う必要は特定の場合以外はないだろう。

●日本人の脳

東京医科歯科大学名誉教授で耳鼻科の医師でもある脳科学者の角田忠信先生は、聴覚と脳に関する実験を数多くこなしてこられた（角田忠信『日本人の脳』大修館書店）。

その過程で世界中の多様な民族の人々の実験を通してわかったことは、日本人の脳が他の西洋系、アジア系、更に中国系、朝鮮系の人々の脳とも異なる、ある特徴を有していることである。

脳には言語中枢を司る左脳と、音楽脳と呼ばれる右脳がある。角田先生によると、日本語は母音を主体とし、言語で子音を主体にする西洋の言語や、中国語とも異なる。

たとえば、日本語で母音のア、イ、ウ、エ、オの単音からなる言葉に相応して、阿、意、医、井、宇、江、絵、尾、緒などなど、すぐ思い浮かべることができる。

だから、アとかエの音を聞いたら、日本人は言語脳である左脳にゆく。ところが西洋人や中国人は同じ音を聞いても雑音として脳幹が判断して右脳にいってしまう。

また鈴虫などの虫の音、渓流のせせらぎや、海の波の音を聞くと西洋人は雑音としか感じず右脳にいくが、日本人の場合には言語脳にいくというのである。

この角田先生の研究が示唆するように、日本語を使う習慣が母音優位性を持つ言語脳を形作ったと言える、即ち、日本人の脳は日本語に適するように進化してきた。

従って、日本人が日本語を使わなくなったら日本人ではなくなることが、脳科学的にも明らかである。

米国の教育使節団の報告書の中の「国語のローマ字化」に引き続き、占領軍は更に教育に関する干渉を強化した。

昭和二十二年、米軍の占領下にある日本で、学習指導要領が改訂された。

そこには米軍の圧力で「これからの国語教育は古典の教育から開放されなければならない」という一文が挿入された。

道徳教育である修身の科目は、偉人伝や古典を題材にするから、修身と古典が一対のものとして米軍に排斥されたのである。

日本語の漢字の音読みと訓読みを区別することによって、漢詩の漢語の響きは勇壮な精神を鼓舞し、優雅な大和言葉の響きは情動を刺激し、情緒豊かな心をつくることができる。

日本の古典文学、短歌、俳句、そして文部省唱歌に見えるすばらしい文語調の日本語が子供たちの脳を活性化する。その意味で昔の寺子屋で論語の素読を通しての教育が現在、改めて見直されているのは理に適っている。

親が美しい日本語に親しむことによって、子供たちもそれを真似て先人たちの遺してくれた、すばらしい文学や芸術を学習できる。

以上からも、日本人の教育から古典を排除するという占領軍の政策の意図は、「国語のローマ字化運動」と同様に、日本人の精神を徹底的に破壊しようとしたことが明らかである。

●異文明との邂逅

異文明との衝突があれば、日本文明は常に他との融和を図り、対照的に西洋文明の場合は、常に他文明を征服するという性向があった。日本人は古代より朝鮮半島と大陸と交易を重ねつつ、その学ぶべきは学び、纏足《てんそく》、宦官《かんがん》、科挙制度などの、捨てるべきは捨てる取捨選択をしてきた。

日本の場合は古代に漢字を大陸から導入はしたが、万葉仮名のように表音文字として使いながら仮名を創造し、漢文を読解する過程で漢字の文字の訓読を発明して、漢字の日本語化に成功したのである。漢字を訓読みすることは、漢字語を和語化することに等しい。

従って漢字と仮名からなる日本語は日本人の言語として、歴史、文化、伝統と一体化している。

幕末、明治初期に西洋語を導入した際には、たとえば「科學」「經濟」、「宗敎」などの新しい日本語を創造する、いわば西洋文化の国語化の過程を辿らざるを得なかった。そして、それらの新しい漢字語が中国へ逆輸入されたこともよく知られている。

また江戸時代後期に西洋文明と遭遇した時には、彼らの征服欲を見抜き、ひたすら西洋の文物を学び富国強兵・殖産興業に努め、軍事的に彼らに対等以上になろうとした。

前章で記したように、日本人の極端な欧化主義を憂慮された明治天皇が下賜された「教育勅語」の精神による教育を受けた国民の努力で日清、日露戦争、第一次大戦を戦い抜いた。

第二次大戦では西洋と互角以上に戦い、敗れはしたものの、日本文明を手ごわい相手と見た彼らは連合国軍占領軍として長期戦略に切り替え、日本文明を徹底的に破壊し、彼らの意のままになるよう占領政策を課した。

その時期に課された従属憲法を保ったままの日本文明は、いまだに西洋文明の支配下にある。

●今も引き摺る西洋追随

幕末、明治初頭の文明開化の時期、そして大東亜戦争敗退後の連合国軍占領期、この二つの時期に通底するものがある。

国語である日本語を廃して英語を公用語にする、あるいは日本語をローマ字化するという意見が彷彿として沸き上がったことである。と同時に日本の歴史、文化を否定することも共通している。

日本人自身の手によるか、外国人の強制によるものかの違いはあれ、その基は同根である。西洋文化を崇拝する反面、我が国の歴史・文化を蔑視するような言動が、特にその時期には見られたが、残念ながらその状況が現在まで続いていることを指摘しなければならない。

前述したように、明治期と終戦後の混乱期には、国民はその感情を言葉や行動で表現したのであるが、現在では言葉や行動に表さないが、内心では当時とまったく同じ心理的状態にあると言っても過言ではない。

たとえば、最も卑近な例を挙げよう。

昭和二十四年元旦、マッカーサーは日本国民に対して声明を発表し、「これからは平和憲法の精神で国旗を掲揚して欲しい」と訴えたが、日本国民はそれに応じなかった。また、占領下において「君が代」を音楽の教科書から削除したのは文部省自身であった（高橋史郎『検証戦後教育』モラロジー研究所）。

これは、占領軍の思惑を先取りした自国を貶める行為である。

自国に誇りを持てず、占領軍に阿るこの態度は、その後も変わらず「日の丸・君が代」の取り扱いが、平成十一年に国旗・国歌が法制化された以降も、問題になっている学校教育現場が少なくないことからも明らかである。

●占領下の穢れを祓え！

また、日本国の根幹に関わる問題がある。

まず、現行の日本国憲法は連合国軍占領下において公布・施行されたものである。そしてその主権のない状態で生まれた憲法が、昭和二十七年、日本が主権を回復した後も、そのまま有効な憲法であるかのように取り扱われてきた。

主権のない状態の下でつくられた憲法は、主権を回復して独立国家になった時点で、主権国家の国会が新たに憲法を制定するか、または同じ憲法を使い続けるか決議をし、確《しか》としたけじめをつけて、内外に宣言する必要があるはずである。

日本はその過程を経ずして、主権回復後も七十年近くにわたり、惰性で占領下の憲法を使い続けている。

神道流に言えば、占領下でのケガレを祓い清める、禊・祓いの儀式がまだすんでいないのである。

これほど日本国の正統性を蹂躙した行為はない。日本国民がいまだに西洋を過度に崇拝し、日本国の歴史と伝統を軽視している証左である。

もう一つ歴史の例を挙げよう。

昭和二十年の十二月、ＧＨＱは神道指令を発し、神社の国家護持を禁止し、また「大東亜戦争」や「八紘一宇」の用語の使用を禁じた。このため、現在に至るまで多くの国民は、「八紘一宇」が侵略思想を表すものと誤解している。

國學院大學名誉教授の大原康男氏が、平成二十七年五月三日の産経新聞「正論」上で、東京裁判の速記録を引用されている。

速記録の判決文は「八紘一宇は帝国建国の理想と称せられたものであった。その伝統的な文意は、究極的には全世界に普及する運命をもった人道の普遍的な原理以上の何ものでもなかった」と明言している。さらに日米交渉の際の日米諒解案での「八紘一宇」の訳語は「Universal Brotherhood」（人類みな兄弟）であることも付記したい。

東京裁判の判決文が「八紘一宇」が侵略思想ではないことを明記しているにもかかわらず、神武天皇の建国の詔で表明された、世界に誇るべき「八紘一宇」の語句をいまだに侵略思想の表明と曲解する西洋かぶれの日本人が少なくない。

我が国の歴史と伝統を信ずることができず、いまだに占領軍の政策に洗脳されたままでは、あまりにも惨めではないか。

日本語は高度な科学技術用語でも表現できる、英仏語のような西洋語と並んで数少ない言語の一つである。

漢字と仮名からなる日本語を失ったら、もはや日本人ではなく、日本の歴史も文化も失うことになる。国語は日本人の魂である。その日本語をローマ字にするということは、西洋文化に日本文化が敗退することなのだ。その認識もなく国語をローマ字化するなど と安易に考えること自体、言語道断である。

英語を神聖視して国語をことさら蔑視する、この明治以来の悪習を確と認識し反省する必要がある。国語をないがしろにする者が、日本国を軽視し自虐史観を培ってきた。西洋追従と表裏一体の、自国を軽視する姿勢はいまだに続いている。

全国民に訴えたい。意識の変革こそ、今我々に求められている。

国語は国の基盤であり、歴史であり文化である。

第十一章　旧連合国の戦争犯罪と国際法違反を告発する

人類の歴史は戦争の歴史だ、と言っても過言ではない。最近の世界情勢でも、ロシアとウクライナの紛争、イスラエルとパレスチナの戦闘など、多くの子どもや市民が巻き添えになり、悲惨な状況が報道されている。

自分たちの正義ばかりを主張し、お互いに譲歩しなければ、戦争は止まらない。宗教間の対立、資源争奪の闘い、強者が弱者を征服する戦い、それが人間の歴史である。万物の霊長と呼ばれる人類には、他の動物と異なって宗教心があり、種族が違っても人間同士の間には、作法があり、自ずと節度が求められる。

欧米列強諸国が強者として、アフリカ、中東、アジア諸国の植民地争奪に明け暮れていた十九世紀後半、国家間の戦争にもその節度を定めようと、一八六四年に赤十字条約が締結され、それを基に一九〇七（明治四十）年のハーグ陸戦規定の条文を加味して、戦時国際法と呼ばれるジュネーブ諸条約が整備され発展してきた。

軍隊の傷病者や捕虜の待遇、文民の保護などに関しての条文は一九四九年に締結され、その後、武力紛争の犠牲者の保護に関しては議定書が追加され、一九七七年に締結された。

ハーグ陸戦規定の第十八条には占領地の信教の自由、第四十三条には、占領地の法律の尊重が高々と謳われている。占領地の法律を守れ、国の宗教の自由を尊重せよ、と言っているのだ。


日本の敗戦後、GHQが明治憲法改正を推し進め、その上、皇室典範にまでその穢れた手を掛けた言語道断の行為は、明らかにこの国際法の条文に著しく違反するものである。同様に昭和二十年十二月十五日にGHQが発令した神道指令も断罪されねばならない。

このハーグ陸戦法規が発効する二年前に終結した日露戦争で、日本には四国松山の収容所にロシア将兵捕虜七万人のうち、六千人以上が収容された。その中の四千人が傷病兵で、医師や看護婦の手厚い処遇を受けたそうだ。また第一次大戦でのドイツ将兵捕虜約四千六百人のうち千人が徳島県の坂東収容所に収容された。日本はハーグ条約を遵守して捕虜を厚遇した。この縁でベートーベンの第九交響曲が初演され、今でもそれを歌い継がれている。現代でも文化交流が続いているのは、日本が捕虜を大切に遇したことの証である。

幕末に締結させられた欧米諸国との不平等条約を改正するために、西洋に追いつけ、追い越せと国際法を遵守するにも、涙ぐましい努力を重ねた。

日本人には法律以前に武士道にも見られるように、道義的に善し悪しを判断する素地が、江戸時代から既に備わっていた。

●無視された戦時国際法

その後、米国をはじめ諸国の経済制裁に対して、止む無く開戦に踏み切った日本は、昭和十六年十二月の真珠湾攻撃、マレー沖海戦、そして翌一月のマニラ占領に続き、二月には英領シンガポール占領と緒戦の日本軍は快進撃から七か月後の昭和十七年六月、ミッドウエー海戦の大敗北から海軍の戦況は変わった。この時点でも、日本軍の派遣兵力は南方戦線の三十九万に比して、中国戦線では六十二万と倍近い兵力を保ち、支那事変以来五年経っても中国大陸から抜け出せない戦況であった。

翌昭和十八年二月には、米軍と壮絶な争奪戦を戦ったガダルカナル島から撤退し、朝日新聞などはこれを転進と書いた。七か月に及ぶこの戦いで三万人の将兵のうち二万人が戦死した。

その後の四月、トラック島の海軍司令部からガダルカナルの戦況を見守っていた山本五十六司令長官が、ブーゲンビル島上空で待ち伏せしていた米軍機に撃墜され戦死した。

その一か月後の五月には、アリューシャン列島沖の西方に位置するアッツ島の最前線基地の守備隊が玉砕し全滅した。

十一月には中部太平洋の委託統治領マーシャル諸島の東側の、占領したギルバート諸島のタラワ、マキン島の前線基地守備隊も米軍の攻撃を受け玉砕した。

翌昭和十九年二月、海軍司令部のあるトラック島が米軍機動部隊の総攻撃を受け、基地機能を喪失した。横須賀に向かっていた巡洋艦赤城が機動部隊の攻撃を受け沈没した。この艦には本土に引き揚げる女性や子ども、多くは沖縄出身者で五百六十五人が乗っていた。浮遊物に摑まって波間を漂い、救命ボートに乗っても、米軍機は艦からパイロットの顔が見えるほど急降下し、情け容赦なく機銃掃射した、と生存者は語っている（『あの戦争』太平洋戦争全記録　産経新聞社編）。

また、日本軍の病院船は、頻繁に連合国側の攻撃の対象になったことが記録に残っている。昭和十七年三月、チモール島の港で朝日丸が英軍機の攻撃を受け、四月には高砂丸、翌十八年一月には、あらびあ丸、あめりか丸が攻撃を受け、ぶえのすあいれす丸は、この年の四月と十一月の二度にわたる攻撃を受けた。

この陸軍病院船は、パラオに向けてラバウルを出港して、ニューアイルランド島西方で米軍機の攻撃を受け沈没した。傷病兵や従軍看護婦ら千四百十一人が乗っていて、漂流中に銃撃を受けた者を含め百七十四人が死亡した。病院船の船体は真っ白で緑色の帯、赤十字のマークも鮮明で、誰の目にも確認できる病院船であった。一九〇七年のハーグ国際条約に基づいたもので、日赤は米国に抗議したものの、戦後、連合国占領下で政府は病院船攻撃などに対しての賠償請求を放棄した（前掲『あの戦争』）。

しかしながら連合国の人道的、道義的責任は免れるものではない。

沖縄県の有識者でつくる「戦時遭難船舶犠牲者問題検討会」が平成七年三月にまとめた報告書によれば、連合国の爆撃や魚雷攻撃で沈没した船（戦時遭難船舶）は計二十六隻、乗客の犠牲者は四千五百七十九人で、そのうちの八割以上の三千四百二十七人が沖縄出身者であった。

昭和十八年までに沈んだのは五隻、十九年には前述の赤城や、あめりか丸を含めて十六隻で、八月二十二日には、沖縄から本土に疎開する学童千六百六十一人が乗った対馬丸が、米潜水艦ボーフィンの魚雷を受け沈没し、百七十七人は救助されたが、ほとんどの学童が犠牲になった。船は今も悪石島沖に眠っている（前掲『あの戦争』）。

●焼夷弾爆撃による東京十万人虐殺

前述のような海上での非人道的な攻撃に加えて、それ以上に悲惨な民間人虐殺が行なわれたのは、陸上であった。昭和二十年三月十日の東京大空襲は第二次大戦での最大の惨事といわれ、一夜にして十万人以上の同胞が虐殺された。

激戦といわれたガダルカナル島では七か月の激闘で二万人、硫黄島では一か月半の戦闘で二万人の日本軍の戦死者数に比べて、一夜にしてその五倍の十万人以上の民間人が虐殺されたのであった。

カリフォルニア州立大学の歴史学教授ロナルド・シェイファー氏の著書『裁きの翼』を翻

訳した深田民生氏の『アメリカの日本空襲にモラルはあったか』を参照しつつ、この非道な惨事を振り返ってみよう。

戦後、この爆撃隊に随行した米軍のバウアー将軍は「敵が一回で被った最大の災厄」「世界史上の他のいかなる軍事行動より多くの死傷者を生んだ」と述べている。

ドイツのハンブルグへの焼夷弾爆撃を参考にして、日本を早期に降伏させるために、米軍は早くから効果的な焼夷弾爆撃の研究を始めていた。焼夷弾委員会は日本の主要都市、市街地に対して有効な火災攻撃を実践するために入念に準備し、数年前から東京、名古屋、神戸、九州などを実験場所として、試験空襲を繰り返していた。

米陸軍航空軍のノースタッド将軍に「東京の皇居に対して大規模攻撃を実施することで、不死身の神という天皇の地位を直接的に脅かす」と進言していた。

前年九月に米軍が占領したマリアナ基地のサイパン島、テニアン島から二百七十九機のB29攻撃機が首都東京に向かって発進したのは、昭和二十年三月九日の夜であった。

綿密に計画された手順に従ってマーキング用のM47焼夷弾を投下し、後続機は標的地帯に向かって次々と焼夷弾の雨を降らせた。事前に入手した東京上空の風向きなども計算し、風上から順次焼夷弾を投下し、風下に向けて延焼するようにしていた。

●失われた節度と騎士道精神

軍事施設も民間住宅も、まったく無視した無差別爆撃であった。

この書の訳者は、あとがきに「第一次大戦は、西洋に伝わる騎士道精神の最期のかけらを消滅させた。この大戦後に育った、この大惨事を演出したカーチス・ロメイ将軍の世代から、非武装の市民は殺さないという倫理観が失われていった」と書いている。

因みに、東京スカイツリーは鎮魂の碑であり、東京大空襲で多くの人々が虐殺されたのが、あの近辺であったから設計監修した方の祈りが込められているという（月刊『致知』九月号）。

当初、米軍標的選考委員会では、京都も焼夷弾爆撃の標的に挙げられていたが、その後、様々な事情が重なり、古都京都の文化的遺産は爆撃を免れたが、この著書にはその経緯が書かれている。しかし、彼らは日本の文化遺産を守ろうと意図したわけではなく、単なる偶然の結果に過ぎない。

この東京大空襲から始まり六大主要都市、更に数十の地方都市への本土を焼き尽くす作戦、焼夷弾無差別攻撃が八月まで続き、広島・長崎への原爆投下に結びついていったのである。

私事ながら、筆者の生まれたのは、ちょうどその時期、長野県の小さな地方都市である。まだ物心つく前だから、記憶にはないが灯火管制の中、爆撃音が聞こえるたびに、赤子の筆者の上に覆いかぶさって守った、とよく母親から聞いたものだ。また、八月十四日は御前会議でポツダム宣言受諾を決定した日で、その日でさえ秋田県土崎への空爆で二百五十人の民間人が非道にも殺された。

米航空軍のカニンガム大佐は「我々は全面戦争をやっているのであり、アメリカ兵の生命を救い、戦争期間を短縮し、恒久平和の実現を求める。我々にとって日本には、一般市民などいないのだ」と明言した。

要するに非戦闘員も関係なく、日本国民全員が軍事的標的なのだ。

そこには一切の人道的配慮など入り込む余地はないのだ。東京裁判で顕著に見られるように、国際間の紛争に節度が失われ、憎しみの連鎖だけが残り、国際法以前の段階に人類は退歩しつつあることを自覚すべきなのだ。

●東京裁判の違法性

連合国は常に正義と人道を掲げ、正義と人道のために東京裁判を行ない、正義と人道のために、世界の恒久平和のために広島、長崎に原爆を投下したと、正当化し続けている。

「連合国の正義」とは、国際法に違反した行為をすることなのか。そして「連合国の正義」とは、病院船や学童疎開船を攻撃し、非戦闘員を無差別爆撃や原爆投下で虐殺することなのか、それが世界の恒久平和のためだというのか。

連合国が行なった敗戦国日本を裁く極東軍事裁判で用いられたのは「平和に対する罪」や

「人道に反する罪」であり、これらはヒットラー自殺後の昭和二十年六月、ロンドンで決められた、いわゆる事後法である。それだけでも罪刑法定主義が前提とされる国際法に違反しており、東京裁判は国際裁判としては認められない。

この裁判によって判決を受けたA級戦犯及び世界各地の軍事法廷で裁かれたBC級戦犯のうち、死刑を執行された日本軍将兵は九百八十四名、終身・有期刑で服役した三千四百三十一名は、六十数年前に冤罪で刑が執行されたのだ（『BC級戦犯』田中浩巳著）。

『国際法は国家を裁くのであって、個人を裁くのではない。戦争での殺人は罪にならない。戦争は合法的だからである。原爆を投下した者が日本を裁く資格があるのか』と米国人ブレークニー弁護人が意見陳述すれば、ローガン弁護人も『祖国を護持する強い信念と愛国心の動機からなされたならば、我々はそれを犯罪として裁くべきではない』と東京裁判の違法性を衝いている。

これらは裁判長に却下されたが、人種も国境をも越えた弁護人たちの信念の発言を高く評価したい。

戦勝国の判事だけが敗戦国の個人を裁くという、この東京裁判をはじめ各国の軍事法廷でのBC級戦犯の裁判は、国際法違反を重ね、人道にもとる行為を繰り返した連合国が、日本を裁いた復讐劇であった。

その違法性、捏造性は多くの外国人識者によっても指摘されている（『世界が裁く東京裁判』

終戦五十周年国民会議編、佐藤和男監修）。

その東京裁判で取り上げた「南京事件」の証言は、捏造したものであることが定説になっており、多くの好著が刊行されている。

また「バターン死の行進」として知られるのが、米軍が日本軍の捕虜虐待の証拠として頻繁に持ち出す例の行進である。一万五千の米兵と七万五千のフィリピン兵に加えて民間人の合計十数万人が六十キロの道のりを四日間かけて、日本兵に連行された。無論、同行の日本兵は重装備で、捕虜は水筒ひとつの空身、日本兵は大抵の場合、捕虜と同じ食事をする。この場合、食糧難で誰にも食が行き渡らなかった。

日本兵の方がよほど体力を消耗したに違いない。バターンの何もない山中に放置されるより、数日間歩いただけで食のある町に連れてきてもらっただけでも、むしろ感謝すべきではないだろうか。

現地を自らの足で歩いて検証された三好誠先生の著書『戦争プロパガンダの嘘を暴く』を参照されたい。

これを捕虜虐待というほど、連合国は日本軍の非を訴えるネタに不足していたようである。従軍したリンドバーグは述懐している。米軍の通訳などとして使える日本兵捕虜以外は生かしておかず、他はみな殺した、と。その方が後の面倒をみなくてもいいのだ。

冨永謙吾編著『定本太平洋戦争』によると、第二次大戦での交戦国の死者数で、日本の戦闘員戦死者二百六十七万人に対して、米国は五十四万人、日本の民間人戦死者七十万人に対して、米国はゼロ。この数値は何を意味しているのか。

連合国の主宰した東京裁判と各国での戦犯裁判において、謂《いわ》れなき誹謗中傷によって、命を賭けて国を守った多くの日本軍将兵は戦死し、あるいは服役し、また日本国民は七年にわたった占領支配によって、我が国の伝統、文化が破壊され、戦後七十年以上の間、日本国民は国際社会において不当な非難を受け続けてきたのだ。

前述のように第二次大戦において、我々を裁いた連合国に非はないのか。歴史を正すために、そして我が国の名誉を回復するために、今一度、国際法上、公正な態度であの戦争を検証することを提訴する。

●米国はじめ旧連合国の戦争犯罪を告発する
―誤った歴史を正し、英霊の名誉を回復するために

先の第二次世界大戦において米国をはじめとする旧連合国は、非道にも多くの非戦闘員を虐殺し、幾多の国際法違反の戦争犯罪を重ねたにもかかわらず、極東軍事裁判（東京裁判）に見られるように、戦勝国側の裁判官による一方的な裁判を断行し、敗戦国側のみを断罪してきた。その上、敗戦後の日本を占領下支配を約七年間、ハーグ国際条約に違反する占領行政を次々と実施し、日本古来の伝統文化を破壊してきた。

そして連合国側の悪意ある情報操作により、日本国政府及び日本国民は謂れなき汚名を冠せられ、戦後七十数年になる今日に至っている。

ここに至り、国のために命を捧げられた幾多の日本軍将兵、日本国民の名誉を回復するために、米国をはじめとする連合国を人道に反する罪、及び国際法違反の戦争犯罪を断罪するために、国際社会に告発するものである。一般の日本国民は間接的な被害者でもあるから、告訴でもある。

戦勝国のみが敗戦国を裁いた過去の過ちを正すために、戦勝国の戦争犯罪及び国際法違反の行為を告発するもので、相手国に刑罰や賠償を求めるものでは一切なく、英霊と日本国の名誉を回復するために、相手国が過去の罪状を認め、日本国及び国民に謝罪することを求めるものである。よって、現在の国際関係を乱すものではないことを改めて確認する。

また日本国民挙げて、この国民運動を遂行することによって、正しい歴史認識を持つ機会が得られ、多くの国民の自虐的歴史観に終止符を打ち、不当な戦犯裁判（東京裁判及びBC級戦犯裁判）に断罪された約千名の英霊の名誉を回復する。

次にこの告発によって、旧連合国だけが安保理の常任理事国を務める国連の不条理な体制を、多くの国連加盟国に知らしめる好機となり、国連改革の端緒となる。

更に、この告発により東京裁判の無効性が確認され、靖国神社に祀られる英霊の名誉が回復され、自虐的な広島の原爆慰霊碑も自然に撤去されることが期待される。この告発活動を通じて、占領軍によって洗脳された多くの国民の迷妄を覚醒させる一大転機になり得る。

具体的には、先人の残してくれた好例に学びたい。

終戦後「日本健青会」の末次一郎氏が中心となって戦犯釈放運動が始まり、昭和二十八年に日本弁護士連合会が戦犯釈放の意見書を政府に提出した。その結果、釈放運動が全国的に拡大し、四千万国民の署名を集めたその実績に習うことである。日本会議に代表される全国の愛国組織が連帯して、英霊の名誉回復のために、一大国民運動を盛り上げる。

当然ながら、この運動に対しては、国の内外からの大きな反発や妨害運動が予想される。米国をはじめ連合国を相手に告発するのであるから、相手は力に任せて告発をさせないように手を打ってくることは明らかである。

日本政府に圧力をかけ、公安警察を使ってくる一方、連合国自体が自国の組織を使ったり、または非合法組織を使って、生命の危険を及ぼす行為に至る可能性も充分に考えられる。

しかしながら、第二次大戦の戦後処理を人類の歴史に残る汚点として、歴史の闇に葬ってはならない。

解決するのが子孫の世代までかかっても、今この問題を世界に向けて我々日本人が提起する、その事実が重要なのである。それによって英霊の名誉を回復することができる。

約七十年前、日本が法的に主権を回復した時点で、即刻この告発運動を行なわれるべきであった。子や孫の世代に同じような禍根を残さないためにも、日本国及び日本国民、そして国のために命を捧げられた先人たちの名誉を回復するために、これは今の世に生かされている我々の世代の責務である。

あとがき

幕末から明治にかけては、怒涛のように西洋文化が日本中に押し寄せてきた。

しかし、一方において政府は江戸幕府のように皇室を軽視した政治体制を改め、古代律令政治の天皇親政を目指して、「神武創業の精神」に戻る「王政復古」を掲げた。

具体的に実施したことは、大日本帝国憲法の制定と皇室典範の成文化、橿原神宮、湊川神社などの神社創建、また非業な最期を遂げられた崇徳上皇や後鳥羽上皇、順徳天皇などの御霊を改めて京都に迎え各神社に合祀されました。

また、陸海の国軍が創設され、軍人勅諭の精神を基に国防体制が築かれた。更に一般国民に対しては教育勅語が下賜され、新しい日本の国の基礎づくりが整った。

この文明開化と古代律令制度復帰という正反対の方向性を持つ二つの目標に向かって努力したお蔭で、明治日本は古来の伝統文化の過度な破壊や西洋文化の行き過ぎた吸収を、ある程度は防ぐことができた言えるだろう。

それに対して、昭和の敗戦後の日本は、占領軍による一方的に過度な伝統文化の破壊と西洋化が進み、日本の崩壊が進行した結果、恥も屈辱も忘れた平和ボケ状態になっているのが、この平成の世である。

即ち、極端な西洋化に対して古代の王政復古という制御力が働いた明治日本、一方、敗戦後の日本は占領軍の日本解体政策という負の力だけが作用した結果、主権回復後も占領下政策を引き摺ったまま、本来の日本を取り戻すことはできていない。

今上陛下が平成三十一年四月に御譲位される前には、ぜひとも靖国神社御親拝を敢行して戴く、そこから戦後体制にまみれた日本を払拭することができるのです。

昭和二十八年に戦犯釈放国民運動で四千万人の署名を集めて政治を動かした、あの国民の情熱に倣《なら》い、国民一丸となって今こそ「日本を取り戻す」のだ。

毎朝七時前にＮＨＫラジオ放送に「今日は何の日」という番組がある。先日、何気なく聞いていたら「今日は勤労感謝の日です。勤労を尊び云々……」の後は当然、「戦前は新嘗祭という祝日で、占領軍が勤労感謝の日に変えたのです。……」というあるべき説明もないのだ。小学生も聞いている番組に日本古来の慣習の説明もないのは偏向報道と言わざるを得ない。

このＮＨＫの報道姿勢は、年々加速するハロウィンのバカ騒ぎと通底するものがある。平成の御世が終わる前に、我々は日本を取り戻さなければならない。

政府は毅然として準備を整え、今上陛下が靖国神社御親拝を実現されますよう熱望しつつ。

平成三十年師走の候

参考文献

引用、または参考にさせて戴いた文献を掲示して感謝申し上げます。

日本国憲法失効論　菅原　裕著　国書刊行会
日本人としてこれだけは知っておきたいこと　中西輝政著　文春新書
世界が裁く東京裁判　佐藤和男著　ジュピター出版
日本人が愛する者が自覚すべきこと　八木秀次著　ＰＨＰ
プリンシプルのない日本　白洲次郎著　新潮文庫
生活者の統治時代　呉善花著　三交社
アジアに生きる大東亜戦争　ASEANセンター　展転社
世界が裁く東京裁判　佐藤和男著　ジュピター出版
東京裁判日本の弁明　小堀圭一郎著　講談社学術文庫
戦争を知らない人のための靖国問題　上坂冬子著　文芸春秋社
ＢＣ級戦犯　田中宏巳著　ちくま新書
靖国神社一問一答　石原藤夫著　展転社

皇室はなぜ尊いのか　渡部昇一著　ＰＨＰ
動ぎなき天皇国日本　伊藤陽夫著　展転社
黎明の世紀　深田裕介著　文春文庫
世界憲法集　樋口陽一、吉田善明、他編　三省堂
国家神道　村上重良著　岩波新書
「現人神」「国家神道」という幻想　新田　均著　神社新報社
神々の明治維新　安丸良夫著　岩波新書
神仏分離　圭室文雄著　教育社歴史新書
日本史から見た日本人（昭和編）　渡部昇一著　祥伝社
日本陸軍とモンゴル　楊海英著　中公新書
日本人が知らない最先端の世界史　福井義高著　祥伝社
昭和日本史９「占領下の時代」　暁教育図書
教育勅語の研究　岩本努著　民衆社刊
梅原猛の授業　道徳　梅原　猛著　朝日新聞社刊

教育勅語の真実　伊藤哲夫著　致知出版社
天皇と東大　立花隆著　文春文庫
日本人の脳　角田忠信著　大修館書店
漢字廃止で韓国では何が起きたか　呉善花著　ＰＨＰ
ベルツの日記（上・下）　トク・ベルツ編、菅沼竜太郎訳　岩波文庫
あの戦争　太平洋戦争全記録　産経新聞社編
朝日新聞の太平洋戦争記事　安田将三・石橋孝太郎著　リヨン社
戦争プロパガンダの嘘を暴く　三好　誠著　展転社
アメリカの日本空襲にモラルはあったか　ロナルド・ジェイファー著、深田民生訳　草思社
英霊と天皇ご親拝　別冊正論　産経新聞社
戦争論を読む　長谷川慶太郎著　朝日新聞社

【著者紹介】
有馬光正（ありま・こうせい）
昭和20年、長野県松本市生まれ。東北大学工学部卒業。
建設会社勤務後、アフリカ、東南アジア各地で国際協力事業に従事。
平成15年より沖縄にて自営業。
平成17年より「南島志報」主宰。靖国神社崇敬奉賛会会員。
著書：「八紘一宇が日本を救う」（元就出版社）

皇室は日本国の礎

2019年4月3日　第1刷発行

著　者　有馬光正
発行者　濵　正史
発行所　株式会社元就《げんしゅう》出版社

〒171-0022 東京都豊島区南池袋4-20-9
サンロードビル2F-B
電話 03-3986-7736　FAX 03-3987-2580
振替 00120-3-31078

装　幀　クリエイティブ・コンセプト
印刷所　中央精版印刷株式会社

ISBN978-4-86106-261-2　C0021

有馬光正

八紘一宇が日本を救う

再生日本への提言　自主独立国家・日本のための方策

今こそ占領下体制への決別を！　そして戦勝国史観から脱却しなければならない。その第一歩は現憲法を破棄し、日本独自の自主憲法の制定だ。

■1500円+税